歴史文化ライブラリー
279

大江戸八百八町と町名主

片倉比佐子

吉川弘文館

目　次

江戸の町と統治のしくみ――プロローグ

町の展開

近世の江戸、徳川の江戸は、天正《てんしょう》十八年（一五九〇）に、徳川家康が江戸に入城したのに始まる。その後の江戸の発展の画期となったのは、慶長《けいちょう》八年（一六〇三）家康が征夷大将軍となり、江戸に幕府を開いたことである。それから二六五年、江戸城の主が明治天皇に代わるまで、全国諸大名を束ねる幕府の所在地として、政治的・経済的中枢として発展を遂げた。

幕府を開いてから、川を付け替え、海を埋め立て、山を崩し、掘割を開いて街区を造成する大規模な土木工事に着手した。同時に、大名・旗本・御家人などの屋敷地、寺社境内地、町人居住地を配置していった。幕府職制の整備を受けて、それぞれ、大目付・目付、寺社奉行、町奉行が管轄することになった。江戸城外堀の工事完成が寛永期（一六二四—四四）の末、このころまでに成立した町が古町《こちょう》といわれている。

明暦《めいれき》の大火（明暦三年〈一六五七〉）後、城下の大名小路は、幕閣の中枢が居住する官庁街となり、御三家や大大名の屋敷、寺社は外堀の外、または縁《へり》沿いへ移転を命じられた。その結果は、幕末の江戸図にも歴然と現れていて、その方針が徹底していたことが判明する。以後、街区の大きな変更はなかった。初期の都市設計が拡大と変容の可能性を含んでいたという指摘がされている。

徳川幕藩体制の安定とともに、江戸へは人口が集中し、十七世紀末には一〇〇万人前後に達し、十九世紀には一三〇万から一四〇万に達していただろうといわれる。経済活動も活発化する中で、身分別の居住地配置は崩れていった。町人地の中に武家の拝領地が生まれ、武家の拝領地に町人の居住が許され、町奉行の支配が及ぶようになる。代官支配の村の中に町屋を作ることが許される。町人地内部でも、火除地《ひよけち》の設定などによって、町が細切れになっていった。こうした支配のあり方と現実のギャップを埋めるため、寛文《かんぶん》二年（一六六二）、正徳《しょうとく》三年（一七一三）、延享《えんきょう》二年（一七四五）、町奉行支配地の拡大が行われた。それでも、明治政府に引き継がれたとき、武家地が七〇％、寺社地・町人地がそれぞれ一五％という割合であった。

寺社地や代官支配地が町奉行支配地に組み込まれたといっても、それで解決したわけではない。代官支配地でいえば、従来一つの村であったものが、村と町になり、それぞれ別の「領主」を持つわけであるから、単純ではない。寺社領の場合、領主として寺社の権力が強い場合、従来の権益を守ろうとする動きが見られる（「町の発展と古町」の章で詳述）。

さまざまな江戸の境界

天明《てんめい》八年（一七八八）十二月、御府内外の境について評定所《ひょうじょうしょ》の評議があった。これまで、司法の根拠としてきた「御定書百箇条《おさだめがきひゃっかじょう》」などに、「御府《ごふ》内《ない》」「御府外」と使われているが、何を境とするか記されていないので確定したいというものであった。御府内外に関わるものとして、①江戸払いの範囲、②行き倒れ人を塗高札で掲示する範囲、③寺社勧化《かんげ》の範囲、④町奉行支配範囲、⑤武家の外出許可を必要としない範囲、⑥鉄炮所持規制範囲、⑦馬子馬乗禁止範囲など支配ごとに「御府内」があった。問題は、地理的に五里四方、四宿内と限っても、その中には御料・私領・寺社領の村方《むらかた》もあって、江戸市街地を表す「御府内」とは齟齬するという点であった。結局このときは町奉行の支配地に限るかどうかを明確にしないまま、「江戸払いの範囲」（御仕置筋）——品川・板橋・千住・本所・深川・四谷大木戸より内——とした。

文政《ぶんせい》元年（一八一八）再度、御府内外の別が問題になる。このときは、「江戸朱引図《しゆびきず》」といわれる絵図が作成されているので、比較的わかりやすい。御府内というのは、御曲輪《おくるわ》内（常盤橋《ときわばし》御門・半蔵御門・外桜田御門・神田橋御門など）から四里までのところ、東は砂村・亀戸・木下川・須田村限り、西は代々木村・角筈村・戸塚村・上落合村、南は上大崎村から南品川宿まで、北は千住・尾久村・滝野川村・板橋、川限りとした。「江戸朱引図」はこの範囲を朱線で示し、これを御府内とし、上記の②と③の範囲と同じとしている。

この図には、もう一つ、町奉行の支配範囲を示す墨引《すみひ》きの線が書き込まれている。墨引きの線は、朱引きの線よりかなり内側である。墨引きは「大筋御仕置筋」「町奉行支配場境筋」とあるので、天明八年決定の御府内ということになる。わずか三〇年ほどで「御府内」と認識される範囲が拡大された。正徳・延享とかなりの「町」を町奉行支配地に組み込んだのであるが、さらに市街化したところが拡大していたのである（七六～七七ページ図6）。

幕末の江戸の土地利用状況は、墨引き内では、武家地四九・八％、農地二四・六％、町家一四・九％、寺社六・六％、河川四・一％、朱引内では、武家地三四・五％、農地四七・六％、町家九・九％、寺社四・四％、河川三・六％と算出されている（市川寛明編『一目でわかる江戸時代』小学館、二〇〇四年)。江戸では、統一した「御府内」の確定はできなかったのである。

町支配のしくみ

町奉行《まちぶぎょう》支配地域の支配の頂点に立つのは町奉行である。八代将軍徳川吉宗の時代の大岡越前守忠相《ただすけ》、天保改革期の遠山左衛門尉景元《かげもと》などが有名である。

町奉行の命を受けて、市政を束ねるのが町年寄《まちどしより》である。町年寄は奈良屋(館)・樽屋《たるや》(樽)・喜多村の三家で、世襲である。武家出身だが、町人身分である。その下位に名主《なぬし》が置かれた。当初は、土地を拝領して町を起立し、名主を勤めるというように、一町一名主、町との結び付きが強かったが、のちには、数町を支配するようになり、論功行賞的に任命されることもあった。名主のもとで、実際に町政に携わるのは家主《やぬし》であった。

町奉行

町奉行は、一時期を除いて定員二人、役高三〇〇〇石、老中支配下にあった。現在の役職と比較するのは難しいが、地方行政の長とともに、警察・消防の長であり、評定所の一員として国務にも参加し、現在では国の機関である裁判官でもあった。奉行所は、常盤橋御門内・呉服橋《ごふくばし》御門内・鍛冶《かじ》橋御門内・数寄屋《すきや》橋御門内などを移動し、その位置関係によって、北町《きたまち》・南町《みなみまち》奉行所と呼ばれた。

奉行所には与力《よりき》二五人ずつ計五〇人、同心《どうしん》一〇〇人ずつ計二〇〇人（最大では二八〇人）、奉行が私的に雇用した用人《ようにん》がいた。与力は一五〇〜二〇〇石の知行地を与えられ、同心は三〇俵二人扶持であった。住居はいずれも八丁堀に、与力は二五〇〜三〇〇坪、同心は一〇〇坪の宅地を与えられた。特に同心の場合は、その宅地内を貸して収入の一助とした。与力・同心、本来は一代限りであったが、事実上世襲であった。

町年寄

江戸の町年寄は、年頭の江戸城参賀などのとき、全国の町人の筆頭の位置を認められていた。出自は武士で、奈良屋市右衛門は徳川家康の伊賀越えのとき忠節を尽くし、樽屋三右衛門は家康とともに戦場を馳せ、喜多村彦右衛門も町人となることを願ってともに江戸に出たというように、家康との縁故により、新興都市江戸の建設の担い手となった。帯刀《たいとう》・着服など当初は武家並みであったが、次第に制限され、三家ともにあらためて帯刀を許されたのが文政七年（一八二四）、苗字を許されたのは、天《てん》保《ぽう》十五年（一八四四）であった。

町奉行所の下部機関として、触《ふれ》の伝達、人別調査、人口の集計などを行った。町人同士の土地の売買や譲渡は町限りで行われたが、管轄違いの受け渡しは町年寄の仕事であった。町奉行所の諮問に対し意見を述べ、またそのために名主たちの意見を求めている。奉行所の内《ない》寄合の場も、町人の意向を伝える場所であった。幕府の公金貸付の一端を担って、町年寄を窓口にする貸付金も行っていた。

奈良屋は本町一丁目に、樽屋は本町二丁目に、喜多村は本町三丁目に屋敷を与えられた。給料はなく、六〇〇両ほどが見込める拝領屋敷が与えられていた。古町から年一一四両の晦日銭《みそかせん》が納入された。晦日銭というのは、過去において、町々が交代で町年寄役所の執務を分担していたが、負担も大きいので手代《てだい》の給金として納入することになったというものである。

名主

江戸では町の長を名主という。三都と並び称される大坂や京都では、町の長は町年寄である。江戸では総町を束ねるものが町年寄である。当初、名主は一町に一人宛て置かれていたと思われるが、町数が増えるのに反し、名主数は減っている。名主番組結成時の享保七年（一七二二）二六八人、寺社門前地編入後の安永三年（一七七四）二六〇人、嘉永六年（一八五三）二二〇人である。これは一人の名主が支配する町の数が増えていったからである。一人の名主が支配する町の数が増えていく流れに合わせたように、名主は町奉行支配に系列化していっているようである。

名主は由緒によって、草分《くさわけ》名主・古町名主・平《ひら》名主・門前《もんぜん》名主と区分されている。その名称からも、古い由緒を持つのが草分名主である。草分名主は永代《えいたい》名主を許された家で、世襲が認められていた。新任町奉行のお目見えや、年頭、五節句、八朔《はっさく》の拝謁のとき、筆頭に立つのは草分名主であった。そして草分名主に限って父子同席であり、それ以外の名主の子はその翌日のお目見えであった。これは世襲であるが故の特権であった。

古町というのは寛永末ころまでに成立した町で、三〇〇町を上まわる町が成立していた。その名主が古町名主で幕末でも一〇〇人を超えている。古町名主は正月江戸城への参賀が許され、江戸城で実施される御能の拝見を許されるという特権を持っていた。草分名主の場合、その家が草分、開発者であるということで、他の家が継承することはない。しかし、古町の場合、町の格が古町なのであって、地縁も血縁もないものが名主に就任しても古町名主の扱いがされている。

門前名主というのは、延享二年(一七四五)、町奉行の支配も受けるようになった寺社門前地の名主である。寺社奉行・町奉行両者の支配を受けた。

平名主は草分・古町・寺社門前の名主以外の名主ということになる。寛文二年(一六六二)、正徳三年(一七一三)に街道筋に発達した代官支配下の町々が町奉行と両支配になった。平名主というのはそのとき町奉行支配に入った町の名主である。地方のことは代官、町に関わることは町奉行といった両支配の地域のことを町並地という。

代官支配地・寺社門前地とも名主の実質的な任命権は代官・寺社にあり、町奉行は追認するだけであった。念のためにいえば、これらの名主は町奉行支配を受けるようになったときに名主になったのではなく、中には江戸開府前後から名主役であったり、旧家であった家もあった。名主の四つの区分は町奉行の側からの見方だが、お目見えの序列に示されるように厳然と序列が付けられていた。

そのほか、名主には玄関を付けることが許され、公式の場では麻裃《あさかみしも》の着用が許されるなど権威付けがなされていた。一方、名主は商売などをすることは認められていなかった。収入は町からの役料《やくりよう》と町礼《ちようれい》であった。町礼というのは家屋敷売買や家督相続、また訴訟などのときの謝礼とでもいったものである。これは町柄に左右されるので、中心部と周縁の町とでは大きな差があった。

時代とともに権威は揺らぎ、さまざまな不祥事を起こす名主も出てくる。しかし、巨大化した町政を統一して執行していくために要《かなめ》となる名主制度の強化を図る以外に方策は見つけられなかった。

家主

江戸では、町内の地面一区画を町屋敷という。町屋敷の所有者によって五人組が結成され、町政を運営した。家主は本来、地主から給料をもらって、地主所有の地面―町屋敷―の管理をするものである。しかし、江戸では、地主の不在地主化の進行が早く、家主が地主に代わって町役を果たすようになった。五人組の構成員も家主によるもので、月ごとに行事を決めているところが多かった。

家主は地主に代わって、道路・水道・橋梁といったライフラインの管理も行う。必要に応じ工事の手配をし、費用を割り付ける。町入用《ちょうにゅうよう》の管理も重要な仕事である。家主は家《や》守《もり》とも屋守とも大家《おおや》とも書かれている。地主との関係では家守と書かれることが多いが、混用されている。町内で自己の所有地に住んでいる居付《いつき》地主を家持《いえもち》という。町役という面では、居付地主も家主である。嘉永《かえい》年間（一八四八―五四）、居付地主四一九四人に対し、家主一万五一五二人であった。居付地主の割合は地域差があり、一〇%未満の地域もあれば、六、七〇%の地域もあった。

町屋敷内で発生した事件のすべてが家主の責任範囲である。店借《たながり》にとって、あるときには悪事を見破られる恐ろしい存在であり、あるときにはいのち綱ともなる存在である。

家主は地主に雇われているものであるが、家主に求められる「連印」は地主に対してのものではなく、名主、ひいては町年寄・町奉行に対するものである。町奉行を頂点とする町方支配の最末端に組み込まれていた。

町の役負担

江戸の住民が負担した「税金」には、町に賦課されたものと、個人に賦課されたものとがある。町に賦課されたものには国役《くにやく》と公役《くやく》があった。国役は職人などがその技能によって奉仕する役で、町に割り当てられた。最初は、必要に応じて職人を提供していたと思われるが、次第に定員化し、さらに金納に変わっていった。金納化しても国役の町であることには変わりがなかった。紺屋町《こうやちょう》・大工町《だいくちょう》・鍛冶《かじ》町《ちょう》・畳町《たたみちょう》・鞘町《さやちょう》など、町名にその由来を残している。

公役は人足を提供するもので、町料理人足・砂利人足・茶壺持《ちゃつぼもち》人足・御納戸《おなんど》人足・御具《おぐ》足《そく》人足・御蠟燭《おろうそく》人足など多種類に及んでいる。公役については、享保《きょうほう》七年（一七二二）間《ま》口割《ぐちわり》の金納になって、従来より公平になった。上の地域は間口五間に、年人足一五人、中の地域は七間に一五人、下の地域は一〇間に一五人、一人前賃金二匁《もんめ》（のち三匁）であった。

町に賦課される以外に、職人一人ひとりにも賦課された。紺屋《こうや》は藍瓶《あいがめ》一つに年二〇〇文ずつ、鍛冶屋は年二五〇文～五〇〇文、畳屋一軒に畳刺年二〇人などである。米搗《こめつ》きや日《ひ》雇《やと》いにも役銭《やくせん》がかけられた。

江戸では、所得税・営業税といったものはなく、菱垣廻船積仲間《ひがきかいせんつみなかま》の冥加金《みようがきん》を除けば、問屋層は冥加金とか御用金とか臨時に賦課されるだけであった。

現在では国税にあたるこうした役負担のほかに、日常の生活を維持していくための諸経費は、町入用として、町ごとに収支が行われた。水道・道路の管理、番屋の維持、名主・番人・火消人足などの人件費、祭礼費用など予算はなく、支出した額を主として地主が負担した。

本書のねらい

本書は、江戸の草分名主で、名主制度廃止まで、一二代にわたってその職を勤めてきた高野新右衛門家の歴史を軸に、江戸の名主の実像を明らかにしようとするものである。

江戸の名主の家の史料はきわめて乏しい。農村部では名主の家が脈々と受け継がれ、史料も保存されてきた。江戸には二百何十人という名主の家があったのに、その系譜をたどれる家はほとんどないといってよい。首都であり、拡大一方の歴史、大都市ゆえの変化の激しさに要因があることには間違いない。しかし、はたしてそれだけであろうか。

そうした中で、南伝馬町二丁目（中央区京橋）の名主高野新右衛門家については一〇代目の当主直孝《なおたか》によって作られた「家譜」があり、関連の史料も残されている。この史料が貴重なのは、江戸時代の全期間をカバーしていることである。高野家は伝馬役《てんまやく》も勤め、伝馬御用のときは苗字帯刀を許され、名主の筆頭に立ってきた家である。名主一般とは違った面もあるかと思われるが、他に比較しうるものはない。高野新右衛門家が遭遇した出来事を手がかりに、時代ごとの名主の実像に少しでも近づければと思う。

全体の構成としては、まず、「町の成立と名主」の章では、これまで都市計画という観点から論じられてきた創設期（寛永末頃まで）の江戸を、草分名主の由緒にこだわって追究してみた。また、「町の発展と古町」の章では、最近新しい「寛永江戸全図」が発見されて関心を持たれている寛永期の江戸の町を町名で確定する作業を行った。以下、年代的には駆け足となるが、「大江戸の町と名主の役割」「伝馬役と町」の各章では拡大する江戸の様相を名主の役割という観点から検討し、最後に「維新期の名主」の章で激動する時代にその役目に奔走する名主の姿を描いた。

町の成立と名主

草分名主

草分名主とは

草分名主《くさわけなぬし》は古い由緒と格式を持つ名主である。草分名主の由緒書には、徳川家康直々《じきじき》の下命であることが強調されている。草分名主という言葉が町触《まちぶれ》に出てくるのは、これからは新規に名主の就任を認めないという享保《きょうほう》七年（一七二二）の触に出てくるのが最初である。ここで、「草分名主といって、古来より代々名主役を勤め、悴《せがれ》へ跡役《あとやく》を命じられている名主がかなりいる」としている。草分名主は世襲であると認識されていた。

寛保《かんぽう》元年（一七四一）四月、通旅籠町《とおりはたごちょう》（中央区大伝馬町）の家主たちが、書役《かきやく》の解雇をめぐって名主馬込勘解由《まごめかげゆ》に詫び状を入れた文面の中で、貴殿（馬込）は町人からお願いして名主役を勤めていただいているわけではない、ご先祖が町を起こしたときから、御公儀から命じられて名主役を勤めてこられたのに、文句を付けて申し訳なかったという文面がある。草分名主とはこのような身分として合意されていたのである（「馬込文書」）。

元文《げんぶん》三年（一七三八）、新任の町奉行石河土佐守《いしことさ》お目見えの通知は、見習い勤めをしている子も一同にというものであった。これまで町奉行に拝謁する場合、草分名主に限って父子同席であり、それ以外の名主の子はその翌日のお目見えであった。これは世襲であるが故の特権であって、すべての名主が父子同席ということは、草分名主の特権を否定することであった。草分名主はすぐに訂正を申し入れ、主張が認められて従来通り草分名主のみ父子同席となった。このことに危機感を抱いた草分名主たちは、草分名主の組合を作り、年番を決めて伝来の地位を守ろうとした。将軍や奉行との儀礼関係がその地位にとって重要な意味を持っていたのである。十九世紀に入って新任奉行のお目見えが一日となってからも、古町名主・平名主と寺社門前名主との間には区切りを付けるなど、その慣習は守られた。

人数は元文三年二九人、その後漸減して天保《てんぽう》年間（一八三〇―四四）には二四人であった。草分名主の場合、その家が名主役を離れたり、断絶したとき、他の家が継承するとい

（表1つづき）

8	兼房甚次郎	桜田兼房町	公　役	江　戸	天正18年	17
	深野長兵衛	芝口3丁目	公　役	江　戸	天正18年	22
	大場宗十郎	芝新網町	国　役（番船等提供）	江　戸	寛　永	26
10	寺嶋茂左衛門	元赤坂町	公　役	三　河	天正18年	14
11	川津十兵衛	神田多町2丁目	公　役	不　明	不　明	12
15	矢部与兵衛	麹町1丁目	公　役	江　戸	不　明	7
	嶋田左内	市谷田町1丁目	公　役	江　戸	寛　永	13
16	古川助左衛門	本所茅場町	公　役	三　河	天正18年	29

（出典）「元文3年草創年番申合書」(『東京市史稿』市街篇34）をもとに「御用達町人由緒」「家伝史料」「撰要永久録公用留」『御府内備考』などにより作成．また，居町欄については宝暦7年「万世江戸町鑑」(『江戸町鑑集成』第1巻）による．

うことはない。家の格なのである。

草分名主一覧

表1は元文三年（一七三八）に草分名主を名主組合を結成したときの草分名主を名主番組ごとに一覧にしたものである（番組については七六～七七ページ図6「名主番組位置図」参照）。総勢二九人、ほぼ内神田・日本橋・京橋・八丁堀・芝口といった地域に限られるが、浅草・麹町《こうじまち》・元赤坂・芝新網・市谷田町《たまち》・本所茅場町《かやばちょう》にもいる。

役負担としては国役《くにやく》が八人、公役《くやく》が二一人である。国役というのは、紺屋《こうや》（染物）とか桶樽製造とかその技術によって役を勤めるもので、公役というのは、さ

表1　草分名主一覧（元文3年）

番組	姓　名	居　町	役負担	出　身	任命時期	席　順
1	馬込勘解由	大伝馬2丁目	国　役（伝馬役）	遠　江	天正18年	1
	益田文左衛門	本町4丁目	公　役	相　模	天　正	9
	胝惣八郎	鉄炮町	国　役（鉄炮師）	三　河	天正18年	27
2	宮辺又四郎	小伝馬町2丁目	国　役（伝馬役）	江　戸	天正18年	5
	高木源兵衛	馬喰町2丁目	公　役	不　明	不　明	6
	福島善兵衛	新乗物町	公　役	不　明	不　明	20
	田所平蔵	田所町	公　役	不　明	不　明	25
	村松源六	村松町	公　役	不　明	不　明	28
3	村田平右衛門	平右衛門町	公　役	遠　江	元和2年	10
4	千柄清右衛門	西河岸町	公　役	不　明	不　明	11
	曽我小左衛門	万　町	公　役	不　明	不　明	19
	星野又右衛門	檜物町	国　役（木具師）	遠　江	天　正	21
5	吉沢主計	南伝馬1丁目	国　役（伝馬役）	甲　斐	天正18年	2
	高野新右衛門	南伝馬2丁目	国　役（伝馬役）	江　戸	天正18年	3
	小宮善右衛門	南伝馬3丁目	国　役（伝馬役）	江　戸	天正18年	4
	中野五郎兵衛	五郎兵衛町	公　役	三　河	天　正	16
6	佐柄木弥太郎	南佐柄木町	公　役（研師触頭）	駿　河	元和4年	8
	内山惣十郎	惣十郎町	公　役	不　明	不　明	18
	田中平四郎	加賀町	公　役	不　明	不　明	24
7	岡崎十左衛門	本八丁堀4丁目	公　役	不　明	不　明	15
	富田平次郎	南新堀町2丁目	公　役	不　明	不　明	23

まざまな幕府公用の人足役を勤めるものである。国役八人のうち五人は伝馬役《てんまやく》で、職人の棟梁は三人である。佐柄木町《さえきちょう》の場合、名主の佐柄木弥太郎は研師触頭《とぎしふれがしら》を命じられているが、町の役としては公役の町で、公役に集計した。

由緒のわかるもののうち、徳川旧領出身のもの九人、江戸その他九人、不明一一人である。天正《てんしょう》十八年（一五九〇）家康江戸入城とともにと記述されているのが一〇人、元和《げんな》二年（一六一六）一人、家康没後の任命が三人いる。家康から直接町を拝領し、名主を命じられたと、家康との関係が強調されている例が多い。

席順は町奉行お目見えのときの草分名主の席順である。その後も大筋では変更がないようである。席順であるから前後変更されるのはトラブルのもとと思われるので、年齢など受け入れられる変更であったのではないだろうか。

表2は、元文三年にはすでに名主を退役しているが、かつては名主であり、継続していれば草分名主に加えられたと思われる家の一覧である。表2では国役が五人、公役が七人、出身では江戸在住六人、徳川旧領四人である。表3は表1・表2を合わせたもので、四一名中役負担では国役一三人、公役二八人、出身では江戸その他一五人、徳川旧領出身一三人、不明一三人となる。草分名主には、国役を勤める職人の棟梁というイメージが強いが、

表2　退転した草分名主

番組	名主名	居町	役負担	出身	任命時期
1	佐久間善八	大伝馬1丁目	国役(伝馬役)	江戸	(天正)
	伊勢善六	伊勢町	公役	江戸	(天正)
4	高野理右衛門	通4丁目	公役	江戸	慶長11年
5	土屋五郎右衛門	北紺屋町	国役(紺屋)	甲斐	天正20年
	細井藤十郎	桶町	国役(桶木具)	三河	天正18年
	高井五郎兵衛	南鍛冶町	国役(鍛冶)	不明	
	中村弥太夫	畳町	国役(畳)	三河	天正年間
6	長谷川弥左衛門	弥左衛門町	公役	三河	天正18年
8	広瀬善右衛門	桜田善右衛門町	公役	江戸	
	久保清左衛門	久保町	公役	江戸	
	太左衛門	太左衛門町	公役	江戸	
	益田金六	金六町	公役	不明	

表3　推定草分名主の集計

	草分名主	退転した草分名主	計
国役	8	5	13
公役	21	7	28
計	29人	12人	41人
江戸その他	9	6	15
徳川旧領	9	4	13
不明	11	2	13
計	29人	12人	41人

公役の町も江戸の草創期に設定されていたのだということがわかる。また、必ずしも徳川旧領出身者で占められていたわけではなかった。

後北条氏家臣から町の名主へ

代々御伝馬役を勤め、南伝馬町二丁目（中央区京橋）の名主でもあった高野新右衛門家の一〇代目新右衛門直孝は家に所蔵されていた記録類数千冊を整理して、『撰要永久録《せんようえいきゅうろく》』二〇五巻を編集するとともに、詳細な「家譜」を作成した。「家譜」は未完成に終わったが、名主の系譜を知るうえで貴重な史料である。草分名主について述べるにあたって、まず高野新右衛門家から始めたい。

高野新右衛門家中興の祖直雅《なおまさ》は大永《だいえい》年間（一五二一―二八）に生まれ、慶長《けいちょう》十七年（一六一二）八九歳で没した。新右衛門直雅は武蔵《むさし》国豊島郡宝田村に住居し、関東管領《かんれい》北条氏政の嫡男氏直《うじなお》に仕え、その一字直を貰い、直雅と称したという。北条家に抱えられていた武将であった。「直」の字は以後幕末まで受け継がれていく（巻末参考系図参照）。

小田原城が落城し、氏直追放の後、天正十八年家康関東入国にあたり、旧家の故をもって召し出され、「諸国道中伝馬の役」、かつ宝田村の「支配名主役」を命じられ、のち村名を伝馬町と改めたという。このとき馬込勘解由・佐久間善八・吉沢主計《かずえ》・小宮善右衛門・宮辺又四郎も伝馬役を命じられ、継飛脚給米《つぎびきゃくきゅうまい》として年間米一二石三斗六升（高井戸村）

を与えられた。大伝馬町は道中伝馬の役を、小伝馬町は市中の運送を担った。

慶長十一年（一六〇六）江戸城拡張に伴って、宝田村（呉服橋御門内とある）・千代田村などが江戸城内に取り込まれることになったため、吉沢・高野・小宮三家に替地として中橋（現在の八重洲通り）と京橋の間に、長さ三町、幅一町の地が与えられた。「武州豊島郡江戸庄図」では中橋一〜四丁目と記入されている。ここに町屋《まちや》を建設し、南伝馬町と称し、移転してきた者たちに地所を割り渡し、その間数に応じて人馬を出させた。吉沢は一丁目に、高野は二丁目に、小宮は三丁目に居住し、それぞれの町の名主と称したが、伝馬役・名主役とも三町一体が強調された。

のちに名主番組五番組となるこの地域には、伝馬役のほかに大工・鍛冶・桶・大鋸《おが》・鞘・塗師《ぬし》・具足といった職人集団や、槙《まき》・畳・炭といった日用品をあつかう商人たちが引き移ってきた。

高野新右衛門直雅が拝領した地面は南伝馬町二丁目の西側北角、間口一四間、奥行二〇間の地所であった。片側六〇間の四分の一近い占有率である。佐久間・馬込は大伝馬町に、小宮辺は小伝馬町の地を拝領した。個々に地所を割り渡されたものが、武士的であったのか、農民的であったのか、町人的であったのか不明である。高野新右衛門家は徳川入国以前北

図1　高野直雅（手前左側）・直久墓
（東京都港区・花岳院所在）

条の家臣として江戸にいて、家康入国とともに徳川家に服属し、旧地に安堵された。そして幕府所在地として大規模な都市建設が進められる中で、伝馬役・名主として新たに配置されていったのである。

高野家の墓地は港区芝公園の浄土宗花岳院《かがく》にある。花岳院は永正《えいしょう》元年（一五〇三）芝山内に開山したという古い寺院である。高野家は増上寺が貝塚にあったときからの檀家であったが、増上寺が徳川家の菩提寺になったため、花岳院に引き継がれた。関東大震災・東京大空襲を潜り抜けて、直雅・直久の墓石は現存する。

土着性の誇示

直雅には三人の男子がいた。長男理右衛門は中橋の北、通四丁目の名主となり、次男直久が直雅の跡を継いで新右衛門を名乗った。三男喜兵衛は南伝馬町三丁目に住んだ。直雅長男理右衛門の孫が新右衛門家三代を継ぐことになる。二代直久は永禄《えいろく》七年（一五六四）生まれ、寛永《かんえい》八年（一六三一）六八歳で没した。直久の事跡で興味深いのは「天王祭礼起立」である。家督相続後の慶長十八年（一六一三）六月七日、本丸大手へ名主新右衛門と町人が神田明神の地主神の一社（素盞嗚尊《すさのうのみこと》）の神輿《みこし》を供奉して登城、神主が幣を捧げ、それより町奉行土屋権右衛門・米津勘兵衛のもとへ持ち込み、神酒を供えられた。このとき神田明神は神田橋門内から移されて駿河台にあり、湯島《ゆしま》に居が定まるのは元和《げんな》二年（一六一六）である。また町奉行職が専任化するのはもう少しあとのことだという説もある。みずからは馬に乗り、獅子頭《ししがしら》を家持《いえもち》に持たせ、旗持ちを従え、神輿の担ぎ手一〇人を含め二五人と記している。その後南伝馬町二丁目中ほどに仮屋を建て、十三日まで神事執行、十四日帰社した。直久五〇歳である。これが南伝馬町天王祭礼の起源であり、幕末まで、江戸城大手橋上にて奉幣の式が行われたという。神田天王一の宮がこの南伝馬町の天王、二の宮が大伝馬町の天王、三の宮が小舟町の天王として現在まで継承されている。

神田天王江戸城繰り込みによって自己の存在を誇示した直久の意図はどこにあったのか。新しく開設された町の安泰を祈願したものか、江戸土着の存在を周知させようとしたのか、江戸の新たな支配者への恭順を示したものか。なお日枝山王社《ひえさんのうしや》の神輿が江戸城へ入るのは元和元年、神田明神の場合は元禄《げんろく》に入ってからである。

直久の時代についてはもう一点指摘しておかなければならない。江戸伝馬役の職責は、品川・千住・板橋・高井戸（後に内藤新宿）四宿までの人と荷物の付け出し、書状の搬送に限るものであった。しかし直久の時代は、みずから道中筋に付き従っている。慶長十九年、元和元年の大坂の陣、元和八年、九年の日光社参と上洛、寛永二年、五年の日光社参などを列記し、道中通人馬《とうしじんば》の御用を勤め、「道中へ罷《まか》り越候」と記している。元和八年の徳川秀忠日光社参、元和九年徳川家光の上洛など、軍事的対決に劣らない政治的意味合いを持っていた。御用のとき使用した三つ葉葵の御軍用の小荷駄印の幟《のぼり》が町奉行所に保管されているのを直孝は写し取っている。縦六寸五分、横五寸五分と大きいものではないが、「御軍用」の幟を立てて戦陣の一翼を担っている姿には、武将としての色合いが感じられる。

直久に男子がいなかったので、直久の兄通三丁目名主初代理右衛門の孫、新七を養子とし、三代新右衛門直友とした。二代直久からいえば甥の子どもということになる。元和元年（一六一五）に生まれ、寛文《かんぶん》二年（一六六二）父三代理右衛門に先立って没した。この時代、赤坂に新たな土地を拝領するという栄誉も受けるが、親族がキリシタンの嫌疑をかけられるという困難にも遭遇する。

寛永期の明暗

直友の時代も寛永十一年（一六三四）の家光上洛、寛永十三年日光東照宮大造営完成による社参、寛永十四、十五年の島原一揆《しまばらいっき》など大御用が続いた。伝馬役が提供すべき人馬数は決められていなかった。朱印証文や老中《ろうじゅう》証文によって要請があり次第提供する仕組みであった。費用の負担は大伝馬《おおてんま》・南伝馬両町の町人が負担した。寛永十三年、引き続き大御用を勤めた褒美として南伝馬町に赤坂の大縄地《おおなわち》七六一間の土地が与えられた。大伝馬町には四谷の大縄地が与えられた。当時、外堀工事の完成によって、赤坂や四谷の堀端が町として造成される可能性が開かれたのである。赤坂の堀端には、赤坂表伝馬町一・二丁目、赤坂裏伝馬町一～三丁目、赤坂田町一～五丁目、計一〇町が誕生した。そのうち田町四・五丁目と赤坂裏伝馬町二丁目山屋敷は伝馬を提供することを条件に売却され、それ以外のところは南伝馬町の町人に割り与えられた。南伝馬町町人が割り取ったところも次第に売却され、馬の提供も金納となっていくが、幕末まで伝馬役の助成地として伝馬役を支えた。

伝馬役としてはつつがなく職責を果たしえた直友であったが、家としては困難に直面することとなった。先に述べたように、直友の父は通四丁目の名主三代目理右衛門である。この理右衛門は天正十六年（一五八八）に生まれ、隠居してからは専西と称し、寛文九年（一六六九）死去した。町奉行の内寄合《ないよりあい》において、町年寄《まちとしより》が専西死去を申し上げたところ、宗門改役へも届け出るようにと命じられ、保田若狭《さ》守・北条安房《あわ》守へ届け出た。内寄合というのは町奉行所の合議機関で、両奉行に担当与力、町年寄も出席し、諸般の方針を決める場として設置されていたものである。さらに旦《だん》那《なでら》寺増上寺からたしかに専西の弔《とむら》いをしたという証文を貰い、町奉行に提出、その経過を専西の実子通四丁目名主四代理右衛門と孫にあたる南伝馬町二丁目名主新右衛門直重両名が町奉行所の言上《ごんじょう》帳に記載した。専西の子で高野家を継いだ直友は専西に先立って死去していた。

キリシタン嫌疑

隠居した名主の死去にあたって、なぜこのような大仰な手続きを必要としたのか。言上帳記載の文面によると、専西は二五年前の正保《しょうほう》三年（一六四六）六月、キリシタンの嫌疑で入牢し、ようやく申分が通って慶安《けいあん》三年（一六五〇）九月釈放された。足掛け五年の入牢であった。寛文年間（一六六一―七三）、キリシタンの詮議《せんぎ》のたびに、四代理右衛門と直重は専西の入牢、赦免のことを届け出ている。この事件の影響かどうか、「家譜」には四代理右衛門は「故あって名主役を退き、剃髪して宗貞と号す」と記されている。

この事件の真偽はわからない。江戸においてもキリスト教を信仰するものが多かったことが明らかになってきている。平成十二年（二〇〇〇）に発掘が行われた「東京駅八重洲北口遺跡」から、メダイとロザリオといったキリスト教の信仰者が持つ遺品が発掘された。この地点は大名小路の一角、呉服橋門内に当たるところである。発掘調査の結果、大名小路の成立前の建物跡や墓が確認され、江戸のごく初期、この地域にキリシタンが生活していたと結論付けた（千代田区八重洲北口遺跡調査会編『東京駅八重洲北口遺跡』二〇〇三年）。

高野家などの旧地宝田村は呉服橋門内とされている。まだキリスト教の普及が容認されていた時代に青少年期を送った専西である。キリシタンとの接触がなかったとはいえない。しかし信者であったとしたら、果たして釈放されたものであろうか。養子に出たとはいえ、子や孫が名主役を勤め続けられたものかどうか。もし信者でなかったとしたら、よほどのわなを仕掛けられたものであろうか。疑問は尽きない。通四丁目の名主は宝永《ほうえい》四年（一七〇七）岩井善六が追放され、その後樽屋三右衛門が就任して幕末にいたっている。

「江戸」の先住者

伝馬役

高野新右衛門家は小田原北条氏の家臣であって、北条氏滅亡後、徳川家康の家臣となり、伝馬役《てんまやく》・名主《なぬし》役を勤めた。伝馬役人のうち、佐久間・高野・小宮・宮辺が江戸在住のもので、吉沢は甲州、馬込は遠州出身である。草分名主には、このように、家康入国前から江戸に居住していたものと、家康の旧領から家康の関東入国に付き従って江戸にやって来たものとがいる。まず「江戸土着」の由緒を持つ人びとのことである。

佐久間善八は伝馬役で、大伝馬町《おおてんま》一丁目の名主であった。本町に続く北側西角に一五間口の土地を所有していたが、宝永《ほうえい》年間（一七〇四―一一）に退役した。のちにこの土地の持ち主となる小津清左衛門は佐久間善八の店に奉公し、紙の商いを覚えたといわれている。御入国以前より江戸下宿の問屋で、神田お玉が池辺に佐久間の屋敷があったとの伝承もあり（『御府内備考』）、伊勢との関係も否定しきれないが、徳川入国前に住んでいた可能性が高い。

同じ伝馬役で、南伝馬町三丁目名主を勤めた小宮善右衛門は武州宝田村の郷士であったが、天正《てんしょう》十八年（一五九〇）徳川家康入国のとき、旧家の故をもって召し出だされ、御伝馬役・名主役を命じられたという。その後宝田村から南伝馬町に移転し、小宮善右衛門と改名したというが、それ以前の名は記されていない（『東京市史稿』産業篇二－八四五）。

小伝馬町名主宮辺又四郎は伝馬役の一人として、江戸府内の公用伝馬の役を勤めてきた。武州豊島郡千代田村に住居していたが、天正十八年家康入国以来御伝馬役・名主役を命じられ、江戸内人馬の手配をしてきたという。人馬の調達には土着性が求められていたのであろう。

麹町矢部与兵衛

麹《こうじ》町は家康の江戸入城後早くに開発された町である。江戸から府中、さらに甲州へと向かう道筋は、家康の江戸入城の経路でもあった。半蔵御門から四谷御門まで一三町、のちに四谷御門と外堀工事に伴い一一丁目から一三丁目までが四谷御門外となった。

地理的な重要性にもかかわらず、草分名主矢部与兵衛の由緒ははっきりしない。鈴木理生氏は、家康の江戸入城にあたり、誘導した江戸原住民の一人としている。しかし『麴町区史』『千代田区史』とも矢部家について明らかにしていない。『御府内備考《ごふないびこう》』は郭内について記述せず、郭外となった麴町一一丁目に、昔、矢部村のうちにあったが慶長《けいちょう》・元和《げんな》の時代に麴町というようになったとある。しかし『麴町区史』は矢部家の菩提《ぼだい》寺浄土寺（港区赤坂）の過去帳ではヤブ村与助なるものはいるが墓石での確認はできず、麴町辺が矢部村の内であったというのは、名主矢部姓に付会するものであろうとしている。

このように矢部家の由緒ははっきりしないが、子孫によって、元和二年（一六一六）没の初代与兵衛から一七代常雄氏までの系図が作成されている。一五代与兵衛常行は高野新右衛門直寛の次男である。この常行の写真によって高野新右衛門家の面影を偲ぶことができる。矢部家の墓地は品川区荏原の浄土寺墓地にある。

桜田

表1の八番組には兼房《けんぼう》甚次郎と深野長兵衛・大場宗十郎の三人の名前がある。兼房町は当時の地域名では桜田である。兼房甚次郎の先祖平左衛門は、家康入国後、幸橋御門外に兼房町一町を与えられ、名主役を勤めるよう命じられたという。

図３　矢部家15代常行
（同提供）

図２　矢部家14代常倫
（柿沼ひろ子氏提供）

図４　矢部家墓地（東京都品川区・浄土寺墓地所在）

これは土井大炊頭《おおいのかみ》の進言によるものであった。町内地主にいつ譲り渡したかその経緯はわからないとしている。その後代々引き継いできたが、姓が兼房だから兼房町なのか、地名が兼房だから姓を兼房にしたのか、兼房自身わからないという。

桜田には他に伏見町・善右衛門町・久保町・太左衛門町・備前《びぜん》町・鍛冶《かじ》町・和泉町の七か町があった。これらの町は、桜田御門外にあったが、大名の屋敷地に割り与えるため、家康の杖先によって、整備された堀の外、虎御門外の地に移転させられた。

「武州豊島郡江戸庄図」では堀沿いに町がある。『御府内備考』に、桜田の町々は西丸下辺の「城下の町並み」「民家の群住せし地」から田畑の広がる地に移された町々であると記されている。

十九世紀に入って、善右衛門町の名主広瀬平八郎は、元禄《げんろく》年代まで善右衛門を名乗って名主を勤めていたがその後改名したとしている。久保町の草分人は久保清左衛門で、家康の御尊影を所持する家柄であったが、十八世紀はじめに乱心し、追放されたという。同じ町内の伊藤惣右衛門が跡を継ぎ、久保家所有の御尊影を守って、家康命日にご法楽を主催しているという。

また、桜田太左衛門町は家康入国以前、外桜田上杉弾正大弼《だんじょうだいひつ》屋敷（桜田門のとっつき）

のところにあり、家康の杖先で虎御門外に代地を賜ったと記している。

桜田鍛冶町は鍛冶方棟梁高井の支配するところで、はっきりはしないが、鍛冶方が拝領したのは、幸《さいわい》橋御門外に移転する前のことである。このように見てくると桜田御門外の七か町と兼房町は、徳川氏入国前から存在し、江戸城拡張によって移転を余儀なくされたが、その長は、名主に安堵されていったといえるだろう。そしてその家がつつがなく継承されていれば、草分名主の栄誉に与ることができたのである。

芝

深野長兵衛は芝口《しばぐち》三丁目の名主である。芝口一～三丁目は、日比谷御門内の町屋が移転してきたもので、もとは日比谷一～三丁目と称していたが、宝永年間（一七〇四―一一）に芝口御門が建てられてから芝口一～三丁目となった。長兵衛は草分人で、日比谷御門内にあった日比谷町に居住していたが、天正十八年（一五九〇）、家康にお目見えを許され、町家取締名主を命じられ、慶長十一年（一六〇六）、芝口に移転してきたという。芝口一・二丁目も同じく日比谷御門内から移転してきた町だが、名主の名前などは不明である。

芝口から南へ源助町・露月町・柴井町・宇田川町と続く町々の来歴ははっきりしない。源助町は無浪源助というものが代々名主を勤めていたが、その子孫木見源左衛門も享保《きょうほう》期には退転したという。ここで注意したいのは、宇田川町名主益田弥兵衛の先祖益田金六のことである。十九世紀はじめの「町方書上《まちかたかきあげ》」の調査のときにお尋ねがあったということなので、奉行所の方にも弥兵衛の先祖が金六であるという認識があったのであろうか。金六は大坂夏の陣（元和元年〈一六一五〉）のとき、お供をして、人足の差配をし、その御褒美に京橋金六町を与えられたという。京橋金六町は京橋の東側南河岸にあったが、享保三年（一七一八）八丁堀に移転し、享保九年芝口に移り芝口金六町、享保十三年一部が元地に戻るなど、町としてのまとまりが無視されてきた歴史を持つ。

一方、益田弥兵衛家は小田原北条氏の家臣宇田川和泉守の子孫とか、上杉家の家臣宇田川和泉守の子孫とかの言い伝えも残されている。そんな状況のもとで、益田弥兵衛家はいつ宇田川町の名主となったのか。「町方書上」調査の時点で、大坂の陣参戦のとき使用した、木綿地に金箔で六の字を縫い付けた旗指物《さしもの》を所持していた。益田弥兵衛は先祖金六の事跡を書き上げたが、草分名主と認定されることはなかった。

市谷嶋田佐内

市谷田町の名主嶋田佐内の由緒には、めずらしく徳川家との関わりが記されていない。田原藤太秀郷《たわらのとうたひでさと》を遠祖とする渋谷武衛に仕えた先祖から十数代、武蔵国豊島郡市谷領布田新田の郷士としてこの地に住んだ。元和六年（一六二〇）以来町屋化していたが、元和九年外堀工事に伴い宅地は収公された。外堀の建設が本格化し、御門も建設されることになった。左内らは、田地であった堀端を町屋にしたいと願ったが、侍屋敷にする予定だと拒否された。そこで佐内はその後ろのところを屋敷地に造成し、武家地として提供し、堀端を町地とすることを認められたという。坂上の土を逆落としにして造成し、町割をして市谷田町一～四丁目と命名したとあるので、このとき佐内は名主に任命されたものであろうか。

芝新網町大場惣十郎

芝新網《しんあみ》町名主大場惣十郎は、家康と特別な由緒を持つ職人頭が拝領した町の名主、また家康入国前から土着し名主に任命されたといった草分名主のイメージとは少し異なる来歴の家である。

芝浦では寛永三年（一六二六）から江戸城へ白魚を献上していた。その御褒美として海端一〇〇間四方を網干場に許可され、寛永十一年猟師の居屋敷にすることを許され、芝新網町が成立した。

一方、大場惣十郎の先祖は、源頼朝の家臣であったが、のちに吉良《きら》氏に仕え、武功により五〇〇〇石を与えられ、駿府《すんぷ》に居を定めた。しかし吉良氏の勘気《かんき》を蒙り、武州豊島郡世田谷村に蟄居《ちっきょ》し、名も伝右衛門と改めていた。この伝右衛門の乳母の夫が芝浦の漁師であった。その縁で、家康が芝浦へお成りのとき、芝浦の来歴や漁業について説明をしたのが伝右衛門であった。寛永二年、伝右衛門はあらためて町奉行嶋田弾正より呼び出され、永久名主役を勤めるよう命じられた。町の来歴も大場の由緒もいずれも文政十年（一八二七）の書き上げであるが、大場が名主に任命されたのは、芝浦の海辺に町が起立するより大分前のことになる。

拝領地以外は国役勤めである。国役の内容は、将軍の浜御庭、品川海手《うみて》へのお成りのときの番船の提供、御用荷物出船入船のときの引船提供、流人出船のときの助船などである。

徳川旧領から移住した名主

馬込勘解由

徳川家康は江戸を領国の城下町とするにあたって、旧領から多くの職人を引き連れてきた。職人の頭《かしら》を名主とし、町を拝領させて御用を勤めさせた。伝馬役《てんまやく》、大伝馬町《おおてんまちょう》名主馬込勘解由《まごめかげゆ》はもと伊東氏で、遠州馬込村の出身である。江戸に出て、御伝馬役、名主役を勤めるにいたった経緯については、天正《てんしょう》十八年（一五九〇）、家康の入国に従って江戸へ入ったとも、元和《げんな》元年（一六一五）、大坂から凱旋《がいせん》した家康を浜松に迎え、馬込姓を賜り、江戸に付き従ったとも記している。江戸の菩提《ぼだい》寺《じ》は増上寺で、入国江戸初代の宗仲居士は「増上寺龍の口柴崎村の境内」に葬ったとあるのを信じれば、入国は天正期であろう。増上寺が芝に移転したのは慶長《けいちょう》三年（一五九八）であった。「増上寺龍の口柴崎村の境内」がどこと確定できないにしても、芝移転前であることは確かであろう。江戸でいち早く市街地建設が進められた大伝馬町を与えられたのであるが、佐久間家と違って、二丁目新道の横道に屋敷があったのが気になる。

吉沢主計

吉沢主計《かずえ》についてははっきりしない。天正年間（一五七三―九二）水野十左衛門と名乗って甲州にいたが、その後江戸へ出て、葭葦の茂るところに住んでいたので葭沢と呼ばれていた。天正十八年、たまたま家康が敷地内のさいかちの木に腰をかけ、以後吉沢と名乗るようにと、苗字を許されたのだという。

高野家「家譜」に、二代直久の娘兼は吉沢十左衛門の妻とあるので、当初は十左衛門と名乗っていた可能性がある。

胝惣八郎

胝《あかがり》惣八郎は伊賀出身、家康がまだ信長配下の一武将であった時代に三河《みかわ》に赴き、鉄炮鍛冶棟梁として召し抱えられたという古い由緒を持っている。その珍しい名前は、鉄炮増産に励む様子を見て、日々に増えるものは胝（あかぎれ）だから、日比の姓を改め、胝と名乗るようにと、家康から直々《じきじき》に賜ったのだという。胝を「ひび」と読ませたものであろうか。新鋭の武器が確実に供給されるかどうかは、戦況に大きく作用したことであろう。家康の関東入国とともに江戸へ入り、その後の関が原の戦、大坂の陣立てに、武器製造の職人頭としてともに出陣した。戦乱が収まり、江戸の都市建設が進む中で、隅田川お成りのお供をしている折、直々に住処を拝領、町屋に取立て、鉄炮町（中央区本町）と称した。惣八郎は配下の職人とともに移住し、細工場を開いたのであろう。その後、家康がその細工場を視察、五人扶持を七人半に増やし、名主役を命じた。家康お成りのとき、その杖先で土地を拝領したという話は珍しくはない。安永《あんえい》三年（一七七四）の由緒では、一五〇俵七人半扶持となっている。

平和の到来とともに鉄炮張上げの御用は減り、江州国友《くにとも》張上げの鉄炮に極印《ごくいん》を打つこともなくなり、多門《たもん》櫓《やぐら》収納の鉄炮磨きがかろうじてその職分となった。かつて家督は江戸城躑躅間《つつじのま》において老中《ろうじゅう》列座で申渡されたが、享保《きょうほう》十九年（一七三四）には焼火間《たきびのま》において若年寄列座、本田伊予《いよ》守より申渡されている。天保《てんぽう》十四年（一八四三）には名主役も返上し、鉄炮町は十七番組高部久右衛門の支配となったが、開港に備える軍備見直しの中で鉄炮師として再登場する。

星野又右衛門

檜物町《ひものちょう》名主星野又右衛門の先祖は、家康が遠州浜松在城のころ（一五七〇—八六）から、檜物大工として取り立てられ、地方知行で二五俵をあてがわれていた。家康関東入国の供を命じられ、このとき、星野は檜物大工棟梁として下職を召し連れ、江戸入りをした。江戸で家屋敷を与えられ、檜物町（中央区八重洲）の起立となった。他に蔵米《くらまい》二五俵を支給された。例年、十二月御煤払《おすすはら》いから正月諸行事に使用する御木具《おんきぐ》類の仕立を国役《くにやく》として勤めた。また、徳川秀忠・家光の誕生や婚礼などのお祝い用の御用を勤め、関が原の戦、大坂の陣、将軍上洛のお供をして御用を勤めたとしている。

寛永《かんえい》九年（一六三二）に没した秀忠の代までは、檜物屋が間口一間あたり年間五人ずつ、合わせて一〇〇〇人の職人を率いて御木具部屋へ出頭し、御用を勤めていたという。しかし職人が家持《いえもち》として町を構成するという状況は次第に崩れ、職人が町内にいなくなってしまった。そのため入札で木具製作を檜物師に請け負わせて製品を納入するという形になった。さらに元禄《げんろく》元年（一六八八）から、定期的な御用である年末年始に必要な木具製作についても、手間代として年間六〇両を檜物大工吉兵衛・藤十郎（細井）に納め、木具の製造から離れた。桶大工頭細井藤十郎は元禄元年から御木具屋の相仕《あいし》（仕事の仲間）となっている。寛政《かんせい》四年（一七九二）の国役調査で、檜物町は、年末年始の諸行事に使用する御木具類の仕立代として六〇両を御木具師細井藤十郎方へ国役金として納入していると記されているが、すでに元禄年間（一六八八―一七〇四）から、檜物町には檜物納入役の実態がなかったのである。こうした変化の背景には、棟梁の又右衛門が職人としての性格から離れていったこともあるようである。又右衛門が日常的に木具御用を勤めないので職人たちが町を出ていくと記され、町外に台屋五郎左衛門の束ねる木具屋仲間が存在していた。木具御用を細井藤十郎らに譲るという肝心のとき、又右衛門は伊勢参宮に出かけていて留守であった。

木具製作が町内でできなくなり、請負へと移行するのはいつごろなのだろうか。元禄元年の記述で「中ごろ」とある。明暦三年（一六五七）の明暦の大火前後でもあろうか。職人が土地所有者として居住するという形はもっと前に崩れていったのではないだろうか。

定例・臨時、さまざまな行事の御用木具の製作から離れても、国役金を負担することで、檜物町が国役町であることには変わりはなく、星野又右衛門家は草分《くさわけ》名主であり続けた。安政《あんせい》三年（一八五六）、桶大工頭御木具師細井藤十郎が財政的に破綻し、国役金で借金を返済する事態になったとき、檜物町の月行事《がちぎょうじ》から、年末年始木具御用の復活を願い出たが却下されている。

佐柄木弥太郎

神田佐柄木町《さえきちょう》（千代田区神田須田町）・南佐柄木町（中央区西銀座）の名主佐柄木弥太郎家は、維新まで、研師《とぎし》触頭《ふれがしら》として五九俵六升三合の扶持、一二〇坪の町屋敷を拝領している。初代佐柄木弥太郎は駿府《すんぷ》出身、家康との関係は、家康が駿府在城のころ城下佐柄木で研職をしていたとき、包丁研を命じられて気に入られ、召し出され、駿府城下の研屋触頭を命じられ扶持を与えられたというものである。その後関が原の戦、大坂の陣にも供をし、研御用を勤めた。

江戸へ出たのは秀忠の代になってからで、元和四年（一六一八）二代目が家督を継ぎ、御国役関八州研屋触頭を命じられ、御弓櫓《おゆみやぐら》の御矢の根磨きの御用を命じられたという。その後法体《ほったい》となり、佐柄木町支配頭を命じられ、正保《しょうほう》元年（一六四四）病死したという。この由緒書だと晩年になってから名主役を命じられたように読める。町名の由来は佐柄木の姓によるものと思われるが、神田佐柄木町・南佐柄木町はともに公役の町で、研職との関係は読み取れない。なお、享保七年（一七二二）名主番組結成のときは、京橋南の六番組の名主として、宝暦以降には、神田佐柄木町・南佐柄木町の名主として一一番組に属している。

三代目が家督を継いだのは正保元年、職務については、御小納戸《おこなんど》・御納戸・御広敷・大奥の研物類の御用を、賃金を受け取って勤めたとある。

寛政四年（一七九二）の国役調査では、研師の役として、御矢根砥《おんやのねとぎ》職人佐柄木弥太郎方より触があり次第職人を差し出す、人数の決めはないとなっている。寛政のころ、御軍用御数鑓《おかずやり》、御行列の鑓・長刀《なぎなた》の研ぎも勤めたとしている。

慶応《けいおう》三年（一八六七）由緒書では、役務については関八州研屋触頭、矢の根御磨御用研屋召連れ出頭、御入輿《ごじゅよ》の節の御長刀研、佐柄木町支配頭を上げ、身分の面では年始・五節句・八朔《はっさく》・歳暮に父子ともお目見え、出火・旅行の節には帯刀を許されていると記している。

名主役を返上した職人頭

紺屋頭土屋五郎右衛門

寛政《かんせい》四年（一七九二）の国役《くにやく》調査で棟梁《とうりょう》として名前の挙がっているもののうち、由緒書などからかつては名主役を勤めていたとわかるのは、紺屋頭《こうやがしら》の土屋五郎右衛門・内蔵助、鍛冶方棟梁の高井五郎兵衛、畳大工中村弥太夫、桶大工頭細井藤十郎である。

土屋五郎右衛門は徳川家康の下で戦場を駆け回り、深手を負い、歩行不可能となった。そこで関八州および伊豆国九か国の紺屋藍瓶役《こうやあいがめやく》に任命し、紺屋藍瓶一つにつき米一斗の収納を許した。天正《てんしょう》二十年（一五九二）二月朔日にご朱印を頂戴したという。米一斗はのちに銭二〇〇文となった。江戸の紺屋役は五郎右衛門弟の内蔵助に分担させたが、江戸町割にあたって町数六町を下され、町として造成し、配下の紺屋たちに割り取らせ、染物国役を勤めるよう命じた。北紺屋町・南紺屋町・西紺屋町・神田紺屋町三町の六か町である。御用は御細工所から紺屋頭が染地を受け取り、名主より申し渡された。万治《まんじ》元年（一六五八）、中橋南の北紺屋町名主は土屋五郎右衛門となっているので、紺屋頭と名主を兼ねていたと見てよい。

桶大工頭細井藤十郎

桶大工頭細井藤十郎も当初桶町の名主であった。細井藤十郎の先祖は、三《み》河《かわ》から家康の供をして江戸へ出て、桶大工頭、名主役をご朱印にて命じられたという。切米《きりまい》二〇俵、下谷に拝領屋敷一三〇坪を与えられた。御木具《おんきぐ》御用については、星野又右衛門の相仕《あいし》木具屋吉兵衛が辞退してからその役を引き継ぎ、御桶大工頭・御木具屋細井藤十郎となった。毎年、御謡始めに使う蕗《ふき》の御盃の台を献上しているという。

名主役については、宝永《ほうえい》元年（一七〇四）、当主病身のため辞退し、御桶大工・御木具屋の頭の職務に専念となった。桶町の名主は以後飯田藤五郎が勤めた。飯田藤五郎は、他に南大工町一・二丁目を支配したが、いつからかはわからない。

鍛冶方棟梁高井五郎兵衛

神田鍛冶町一・二丁目、南鍛冶町一・二丁目、桜田鍛冶町の五か町は、鍛冶方棟梁高井五郎兵衛方に国役金を納めている町である。南鍛冶町は南伝馬町二丁目と三丁目の間を西に入る道に面したところにある。その南側、南伝馬町三丁目京橋寄りの西に入る道に面したところにある五郎兵衛町の名主は中野五郎兵衛である。中野五郎兵衛は三河より家康について江戸に出て、五郎兵衛町を拝領した草分名主である。中野五郎兵衛の書上げによると、南鍛冶町はかつて鍛冶方棟梁高井土佐が拝領し、町割を行った町であったが、のちに中野五郎兵衛の支配するところとなったという。万治年間（一六五八—六一）にはすでに月行事持《がちぎょうじ》となっている。宝永七年（一七一〇）沽券図《こけん》で南鍛冶町の名主が五郎兵衛となっているが、これは中野五郎兵衛であろう。鍛冶方棟梁高井五郎兵衛は、かつては名主役を勤めていて、かなり早い時点で名主役を退き、十八世紀初頭に近隣の名主の支配付となったのである。鍛冶国役の他の町も同じような経過をたどったのであろう。

御畳方大工中村弥太夫

万治元年（一六五八）、畳《たたみ》町の名主は中村弥太夫と早川助右衛門である。畳町は国役の町で、御畳大工中村弥太夫と早川助右衛門からの指示により畳刺職人四三七人分を提供することになっていた。寛政四年（一七九二）

には一人分賃金二匁《もんめ》九分三厘五毛の割りで金納であった。なお、別に畳屋は一軒につき一年に畳刺二〇人を中村・早川に提供していた。京都を本拠とする伊阿弥《いあみ》の弟子は半分の一〇人であった。

中村弥太夫家の先祖は源頼朝に仕えた武将であったという。戦乱の世、さまざまな去就を経て、三河国碧海《あおみ》郡に居を定めた吉貞の曾孫吉広を中村弥太夫の初代とする。吉広の代に徳川の家臣となり、天正年間（一五七三—九二）、家康に従って江戸へ移ったという。な

図5　中村家先祖3代の墓
（愛知県岡崎市・西光寺所在）

ぜ畳だったのかといった経過はわからないが、町名からいっても、御畳方が畳町の土地を拝領し、町名にしたと考えられるだろう。

寛政十二年、中村弥太夫六代仏庵は吉広の先祖三代の墳墓を岡崎（愛知県岡崎市）の西光寺に建立した。ここには柴野栗山の撰文で七五〇字にわたる事蹟が記されている。

中村弥太夫の屋敷は、天和《てんな》元年（一六八一）「えいたい島」となっているので、このころ名主役を返上したのであろうか。宝永から享保にかけては京橋南一丁目である。早川助右衛門はずっと畳町に居住しているが、畳町の名主は宝永七年（一七一〇）の沽券図では吉兵衛となっている。岡本吉兵衛であろう。

公役の町の草分名主

浅草

一八〜一九ページ掲載の表1の草分《くさわけ》名主二九人のうち、国役《くにやく》の頭として名主を拝命したのは八人、うち五人は伝馬役《てんまやく》であったから、圧倒的に公役《くやく》の町が多い。しかし、旧家や名主の由緒が書き上げられている「町方書上《まちかたかきあげ》」は神田川の南から汐留川までの区域を欠いているため草分名主の来歴を知る手がかりがない。京橋五郎兵衛町の中野五郎兵衛については、徳川家康の関東入国にあたり、三河《みかわ》よりその御跡を慕い江戸へ出て、五郎兵衛町の町割を命じられたとの記録がある。

「町方書上」をもとに編纂された『御府内備考《ごふないびこう》』によって公役の町の名主の来歴を明らかにしてみたい。

浅草御門外、神田川の河口にある浅草平右衛門町の名主村田平右衛門は、天正《てんしよう》十八年（一五九〇）、遠州浜松から家康の供をして江戸に下り、この地に居住した。元和《げんな》二年（一六一六）、家康が浅草寺へ参詣のとき、御前へ罷《まか》り出たところ、ここを町屋に取り立て、平右衛門町と命名するようにと拝領を許され、以後その名主役を勤めてきたという。

浅草御門外奥州街道の入り口に当たるこの地は、武州豊島郡峡田《はけた》領鳥越村であった。鳥越村は、浅草御門から蔵前通、元旅籠町《もとはたごちよう》辺まで、西は三味線堀辺りまで含む広い地域であった。浅草御蔵《おくら》や蔵前のあたりは鳥越明神の社地であったが、幕府用地となり、また武家屋敷、寺地にと変わっていった。元和二年には先のように平右衛門町が起立し、元和六年の浅草御蔵普請《ふしん》のときは整地のため鳥越村の土が使われた。正保《しようほう》二年（一六四五）には、のちに元鳥越町となる地域一帯が御用地となり、住民は山谷に移転を命じられ、新鳥越町となった。元鳥越町の名主兵蔵は町内のものとともに新鳥越町に移り、引き続き名主役を勤めたが、草分名主とはならなかった。年貢地であったが、正保二年以来町奉行の支配を受けた。

鳥越町の元地は拝領町屋敷となり、住人の頼みにより荒川善之丞が名主を勤めた。荒川善之丞の先祖は、さる重きお方に仕えていたが、浪々の暮らしののち、美濃《みの》に住み、天正十八年家康の供をして江戸に出て、この地に住んでいたという。かつて後北条氏家臣の知《ち》行《ぎょう》する地に、家康との縁故を由緒とする人々が名主となっていった。

赤　坂

元赤坂《もとあかさか》町草分名主寺島茂左衛門の先祖は、下総《しもうさ》国葛飾《かつしか》郡寺島村の産で、氏を寺島と名乗った。どのような遍歴を経たのか、天正年中（一五七三―九二）家康入国のとき、三州岡崎から家康の馬の口を取りお供をして出府《しゅっぷ》したという。慶《けい》長《ちょう》年中（一五九六―一六一五）この地の草分人ということで名主役を命じられ、赤坂御門内の町屋支配を命じられた。寛永《かんえい》十四年（一六三七）、外堀整備に伴い赤坂御門外に移転を命じられた。天正以来「町奉行」支配で、もっとも早く町屋化したところなので元赤坂町と名付けたとする。

この赤坂の地から四谷御門外にかけての一帯は武州豊島郡貝塚領一つ木村で、秋元八郎左衛門の先祖頼母《たのも》が永禄《えいろく》年間（一五五八―七〇）に開発し、大庄屋を勤めていた。頼母の三代目久左衛門も庄屋を勤め、関が原の戦には軍用の馬を提供した。氷川明神《ひかわみょうじん》祭礼のときは、居宅前に神輿《みこし》を安置し、神酒を供えた。一つ木村は家康入国とともに伊賀者給地《いがものきゅうち》となり、また武家屋敷に割りとられていった。そのことによって、秋元の支配地は縮小し、地位の低下をもたらしたものと思われる。

麹町《こうじまち》一一丁目から一三丁目までが四谷御門外に移るのが元和年間（一六一五—二四）、赤坂御門外に南伝馬町の拝領地一〇か町が成立するのが寛永十三年と次第に町場化していった。一つ木村が町奉行支配になり、一つ木町というようになったのは元禄《げんろく》九年（一六九六）であった。このように一つ木村が変容していく過程の中に、岡崎から家康に付き従ったという由緒を持つ寺島茂左衛門の名主配置があった。

本所

本所《ほんじょ》に草分名主というと少し奇異な感じがするが、江戸の歴史を読む手がかりでもある。

本所茅場《かやば》町《ちょう》の名主古川助左衛門は草分名主の一人である。茅葺《かやぶき》屋根が主流のときは茅《かや》葭《よし》は必需品であったが、かさ高で、燃えやすいものであっただけに面倒な商品でもあった。草分名主古川助左衛門の先祖は生国三河、家康関東入国の供をして江戸へ来た。そのころはまだ市街化も進んでいなかったため、南茅場町（中央区茅場町）の地を拝領し、町屋に取り立て、名主役を勤め、茅葭の商売を始めた。天正年間（一五七三—九二）、南茅場町の造成に伴い、神田橋辺から茅商人が移住してきたともいう。市街地で扱う商品としては不適格ということで、寛永八年（一六三一）、深川《ふかがわ》の川端に移転を命じられた。しかしここに幕府の御船蔵が建設されることになり、本所尾上《おのえ》町、さらには四つ目へと移り、貞享《じょうきょう》年間（一六八四—八八）には代地となるべき土地がなく、浅草山之宿町などに分散せざるをえなかった。そして元禄元年（一六八八）、ようやく四つ目の元地に戻ることになった。このように町は転々としても、古町《こちょう》の格は変わらず、古川助左衛門は草分名主として年頭の江戸城参賀、代替わりの扇子献上が許されていた。

消えた「草分名主」

二一ページ掲載の表2は、元文《げんぶん》三年（一七三八）の草分名主の名簿にはないが、その由緒からいって草分名主であったとみなせる家の一覧である。すでに「江戸の先住者」や「名主役を返上した職人頭」の項でも述べたが、二、三付け加えておきたい。

まず、伊勢善次である。寛永二十一年（一六四四）の沽券《こけん》状に伊勢町の名主として署名している。伊勢町は北条氏政の弟氏村が小田原落城後、伊勢を名乗ってこの地に居住し、その子善次郎が名主になったという伝承がある。万治《まんじ》三年（一六六〇）、伊勢善六は、伊勢町道浄橋際、二方が堀に面した間口一六間の土地を鈴木三右衛門に売却、延宝《えんぽう》二年（一六七四）伊勢町の名主は小三郎、ついで谷村彦市となっている。善次と善六が同じ家のものとの確証はないが、残された鈴木三右衛門家の文書から、同じ家のものとみなしてよさそうである。

先にも述べたように、高野家中興の祖、直雅の長男理右衛門は通四丁目の名主であった。理右衛門は初め宝田村に分家し、慶長十一年（一六〇六）江戸城拡張のため中橋の北に移り、町屋を建設、通四丁目と唱え「支配名主役」を命じられた。二代理右衛門は早く亡くなり、弟が三代を継いだ。この三代理右衛門がキリシタン詮議を受けた専西である。専西の跡を継いだ四代は途中で名主役を退き、高野家は通四丁目の名主から離れた。

次に、弥左衛門町の名主長谷川伊左衛門家のことである。長谷川伊左衛門家の子孫による「長谷川家の伝承」によれば、先祖弥左衛門は三河の武士であったが、家康が江戸へ入府のとき、家康とともに江戸へ出て、弥左衛門町の地を拝領し、弥左衛門町に屋敷を持ち、名主を勤めたという。苗字帯刀《みょうじたいとう》を許され、家康から短刀や鶴の香炉・茶器などを拝領したが火災で失った。家康の側室お万の方から拝領したと伝えられる元和二年（一六一六）の銘がある曼荼羅《まんだら》が現存するという。二代目から名を伊左衛門と名乗り、維新まで名主であった。明治維新に遭遇した一一代伊左衛門均造の妻千代の妹は彰義隊《しょうぎたい》天野八郎の妻であった。名主の職とともに、上水である神田川の水道奉行を命じられており、改葬する前の墓石にそのことが刻まれていたと伝える。弥左衛門から伊左衛門へ改名した理由がわからないのだが、弥左衛門を名乗っていれば、草分名主の列に加わっていたのではないだろうか。

通油町《とおりあぶらちょう》は小伝馬《こでんま》町名主宮辺又四郎の支配を受けるまで名主不在の町であったが、寛永期に名主屋敷の通称があったので、以前には名主がいたのであろう。

草分の町

草分名主の由緒を手がかりに、初期の町の形成過程を追ってきた。あらためて表3（二二ページ）をみておこう。国役の町の名主としては、伝馬役の六人と鉄炮町　胝《あかがり》・檜物《ひもの》町星野・紺屋《こうや》町土屋・桶《おけ》町細井・鍛冶町高井・畳町中村・新網《しんあみ》町《ちょう》大場の計一三人、公役の町が表1二一人、表2七人の計二八人である。佐柄木は研《とぎ》職触頭《ふれがしら》であるが、公役の町である。京橋金六町の益田金六、伊勢町の伊勢善六など早い時期に退転していった名主が数多くいたことが推測される。

出身地で分けてみると、徳川家康の旧地三河や遠江から付き従ってきたのは、馬込・胝・村田・星野・吉沢・中野・佐柄木・寺島・古川・土屋・細井・中村・長谷川の一三人、後北条氏支配下の江戸などに居住し、またその家臣であったものは、益田文左衛門・宮辺・高野新右衛門・小宮・兼房・深野・大場・矢部・嶋田・佐久間・伊勢・高野理右衛門・広瀬・久保・太左衛門の一五人である。さらに桜田七か町のように、徳川氏入国以前の村・町が安堵された事例もかなりあったとすれば、草創期の名主には江戸在住のものもかなりの数を占めていたと思われる。また浅草や赤坂の事例のように、新旧交代の緊張関係が生じたところもあったのではないだろうか。市谷の例も、郷士の一円支配の排除とも取れる。

名主任命の時期でいえば、家康による直接の任命であることを強調する記述からも、家康入国以降の天正年間（一五九〇―九二）とするものが多い。しかし、佐柄木が江戸へ出たのは徳川秀忠の時代であり、大場・嶋田の場合は寛永に入ってからである。

このように、草分名主の由緒も任命時期もさまざまである。最大公約数をとれば、幕府によって任命され、世襲を認められている、遅くも寛永期までの任命ということになる。

名主と町

高野新右衛門直雅は江戸城拡張に伴い、宝田村から中橋と京橋の間に替地《かえち》を与えられて引き移り、町屋を取り立て、宝田村から移住してきたものへ地所を割り渡したと記述している。江戸の紺屋役を任された土屋右衛門は町数六町を与えられ、町屋に取り立てるよう命じられたので、支配の紺屋たちに割り取らせたと記している。檜物大工の星野又右衛門は浜松在住時代からの下職を引き連れて檜物町の名主を勤めつつ、木具類の仕立てを行った。

公役の町においても、桜田の兼房甚次郎は、与えられた地を町人に割り渡し、町を建設した。市谷の嶋田左内は、自力で武家屋敷や町を造成する能力を持っていた。

町内における名主の地位を知る手がかりに、町内における名主の屋敷の位置がある。大伝馬町一丁目の佐久間善八が本町よりの角地一五間口、南伝馬町二丁目の高野家が北角の一四間口、伊勢町名主伊勢家が二方が河岸に面した一六間口というように、角地に広い間口の土地を割り取っているのである。「江戸図屏風」に描かれている角地の三階櫓《やぐら》、角地町人の年頭参賀の伝統など、角地に居住することには特別の意味があった。

大伝馬町続きの通《とおり》油《あぶら》町では「名主屋敷」という表現をしている。玄関を付けた町の役所を構える必要のためともいえるが、町内における名主の地位を示すものであろう。

創設期の名主の実態がつかみにくいことから、一律に名主が配置されていたことを疑問視する説もある。町の成立過程を明らかにできる事例は多くはないが、名主の由緒を積み重ねて見えてきたのは統一した名称、制度として成立していないまでも名主の指導的役割である。それは、名主個人の力量とともに、すでに作られていた名主と配下のものの紐《ちゅう》帯《たい》である。城郭の建設、町割りといった土木工事とともに、支配の内実を作っていくことが名主たちに期待されていたのではないだろうか。

町の発展と古町

御能拝見と年頭参賀

寛永江戸図

徳川家康が将軍になり、江戸に幕府が開かれてから、本格的な江戸城の築造が行われ、江戸城を核とする大規模な都市建設が始められた。江戸城外郭の完成によって、一応の完成を見たのは寛永《かんえい》十三年（一六三六）であった。大規模な財力・人力を投入して完成させた都市江戸の様相は、屏風絵として描かれた。しかし、二〇年後の明暦《めいれき》三年（一六五七）の大火によって、絢爛豪華に作られた江戸は焼失した。天正《てんしょう》期の江戸を大改造した河川や堀はそのままに残ったが、大名屋敷の移転、寺院の移転など、市街地の様相は大きく変化した。大火によって多くの文献も失われ、それ以前の江戸を知る史料はきわめて乏しい。寛永期の江戸を知る文献として使われてきたのは、「江戸図屏風」（国立歴史民俗博物館所蔵）・「江戸名所図屏風」（出光美術館所蔵）の二つの江戸図屏風と「武州豊島郡江戸庄図」であり、これ以上新しいものは発見されないであろうといわれてきた。二〇〇七年、臼杵《うすき》市立臼杵図書館所蔵の「寛永江戸全図」（以下「寛永全図」と表記）が発見され、注目されている。早速出版され、手近に見ることが可能である（『寛永江戸全図』之潮、二〇〇七年）。「武州豊島郡江戸庄図」（以下「江戸庄図」と表記）が市街地中心部だけのものであったのに対し、江戸全域を含むものである。また、それより遅れて作成された「正保《しょうほう》江戸図」と比べ情報量は格段に多い。推定される作成時期は寛永九年（一六三二）とされる「江戸庄図」より少しあとの寛永十九年から二十年にかけてとされている。町となっていたところには「町」と記入してあるが、残念ながら町名の記入はない。今後さまざまな視点から解読が進められていくであろう。

古町

江戸の発展の状況を大まかにつかむ場合、町数の変化によることが多い。普通にいわれてきたのは、寛永期ごろまでに成立した町を古町《こちょう》といい、およそ三〇〇町くらい、寛文《かんぶん》二年（一六六二）に街道筋に成立していた町およそ三〇〇町を町奉行支配に組み込み、さらに正徳《しょうとく》三年（一七一三）二五九町を町奉行支配の町とし、さらに延享《えんきょう》二年（一七四五）、寺社奉行支配の町を町奉行支配に組み込んで大筋は決まったというものである。

「町方書上《まちかたかきあげ》」とそれをもとに編纂された『御府内備考《ごふないびこう》』は、江戸を知る基本中の基本の史料である。ここには十九世紀半ばにそれぞれの町が認識していた町の歴史が記されている。これを見ていくと、古町だから御能拝見を許されている、古町だから年頭に江戸城参賀を許されている、年頭献上品の代価を納入しているといった記述が目に留まる。こうした記述を手がかりに、古町とはどういう町であったのかをまず押さえておきたい。

『御府内備考』の記述をもう少し詳しく紹介しておこう。たとえば、佐久間町三丁目、四丁目元地、四丁目裏町（以下『御府内備考』の記述に従う）などは、「古町につき重き御祝儀の節は御能拝見を仰せ付けられる」と記している。芝口《しばぐち》から飯倉《いいくち》に移転した飯倉葺手《ふきで》町、芝宇田川町、三島町なども同文である。元赤坂町は「古町なので御城で御能が演じられるときは以前から拝見を仰せ付けられ、御銭御酒御菓子を頂戴している」。

神田旅籠町《はたごちょう》一丁目は「毎年正月三日両御丸様え扇子箱献上、紅葉間で御年頭御礼（拝謁）仰せ付けられる」と年頭参賀のみを記している。

湯島五丁目は「古町なので町中から献上の御樽並熨斗《のし》割合銀を毎年町年寄役所へ納め、臨時御祝儀御能のときは、古来から町内家持共に拝見を仰せ付けられる」と年頭献上品の上納と御能拝見とを記している。

市谷左内坂《さないざか》町は「名主佐内代々名主役を勤め、古来より毎年正月三日御城へ出頭し、年頭の御礼を申し上げている」とし、左内支配の田町一～四丁目、左内坂町、七軒町、船河原町は「御本丸様御祝儀ごとがあるときは古町なので御能を拝見する」と年頭参賀は名主、御能拝見は町、と違った表現をしている。

興味深いのは小石川《こいしかわ》仲町の記述で、「古町なので町内間数はすべて京間、先年より現在まで両御丸様え年々正月三日献上品を差し上げ、費用は町年寄へ納めている、御能拝見を仰せ付けられたときは出ていたが、小町でいろいろ差し支えもあるので免除を願い出て、現在は拝見していない」と記している。古町は京間という認識があったこと、多くの町が古町の特権として、名誉なこととして記述している一方、それを名誉としない動きも生まれていたのである。それはともかくとして、年頭の参賀、御祝儀として江戸城本丸で行われる御能の拝見が古町にのみ許された特権として記述されている。

年頭参賀

新年にあたり、江戸の町人たちは、江戸城において将軍との拝謁を許された。天和三年（一六八三）を例にとれば、正月三日、江戸城御白書院《おしろしょいん》次の間御畳縁《たたみえん》にて江戸町年寄《まちとしより》三人、同所御小姓組御番所のうちにて江戸名主、落縁《おちえん》にて京・

伏見・淀過所《よどかしよ》・大坂・堺・奈良の町年寄などが進物《しんもつ》を前に拝謁した（『古事類苑《こじるいえん》』）。町人の拝謁は慶長年間（一五九六—一六一五）から見られるが、その中に江戸の名主が入っていたかどうか。年頭参賀、当時の用語では年頭御礼について、一番古い町触《まちぶれ》は寛文二年（一六六二）正月二日の日付のものである。これによると、日にちは正月三日、服装は月代《さかやき》をそり、麻の対の裃《かみしも》を着ける、明け六つまでにそれぞれ献上品を持参して、大手門御腰掛けにつめること、すでに指示した名主と四つ角の地主以外には出頭してはならないというものである。以後の触にも、これまで出頭したものに限る、指示した者以外に出頭してはならないとある。こうした町触と『御府内備考』の記述とをあわせて見ると、江戸城（将軍）への年頭参賀は限定されていて、古町名主の特権であったことがわかる。

年頭参賀には角屋敷の町人も参加した。次に紹介する深川相川町の『重宝録』には年頭参賀に出頭する名主の町名が記され、角屋敷町人についても三八人の町名を記している。その由来は、家持町人が残らず参賀に出頭した名残として、角屋敷を所有しそこに住む「家持」だけが出頭するようになったとも書かれているがはっきりしない。所有者が女名前のときは中断したというので、所有者が変わった場合、その資格は引き継がれたのではないだろうか。

献上品については、享保《きょうほう》六年（一七二一）、名主・角屋敷町人とも扇子三本入り一箱に限るよう命じられた。それまでは、銭一貫文、馬の手助（綱）、弓弦、鷹の大緒、かん鍋など、それぞれの町の特色を出した品物であった。

この参賀は、西丸に大御所または次期将軍が入っていれば、本丸と西丸両方へ行った。この場合、たとえば神田佐久間町・旅籠町などでは「紅葉間で年頭御礼を申し上げた」とあり、湯島の町々は「御通りがかりに御礼を申し上げた」とあるが、これは同じことの表現の違いなのであろうか。

将軍代替わりに当たっても江戸城へ参上することがあった。延宝《えんぽう》八年（一六八〇）の徳川綱吉《つなよし》、宝永《ほうえい》六年（一七〇九）の徳川家宣《いえのぶ》、正徳六年（一七一六）徳川吉宗《よしむね》の将軍宣下《せんげ》にあたって、例年年頭参賀を許されている名主、四つ角のものが江戸城本丸で祝賀の意を表した。それ以外の名主は町奉行所へお祝いに参上している。

御能拝見

もう一つ古町の特権は、江戸城で演じられる御能の拝見であった。将軍宣下・若君誕生・官位昇進など徳川家の祝賀にあたって、江戸城本丸大書院前の表舞台で能が演じられ、町人の拝見が許された。「町入能《まちいりのう》」ともいわれる。慶長年間から町人参入の語が見られるが、当初から町々に割り付けて、一般の町人にも拝見が許されていたものかどうか。当初は官工・官商、いわゆるご用達町人に限られていたことも考えられるが、寛永十三年（一六三六）に吉原町から一町二〇人ずつ拝見に出たとあるので、あるいはこのころから定例化したのかもしれない。

『御府内備考』には「重きご祝儀の節御能拝見」「御本丸御能拝見」「臨時ご祝儀の節御能拝見」などと記されている。参加者には酒・菓子・傘・銭などが支給された。

町触で御能拝見について具体的に指示されているのは寛文年間（一六六一―七三）からである。年頭参賀と同じく、月代をそり、麻の対の裃を着け、早朝より待機、町奉行所の指示に従い、無作法のないよう静かに白洲へ移動するよう指示している。総勢五〇〇〇人の一大イベントである。規定の人数のうち、半数が朝出、半数が入れ替わりで昼からである。中には紋のない裃を着たり、紙の紋を貼り付けるものもいたという。御能拝見にあっては、陪席している町奉行などに言いたい放題、鬱憤晴らしの場所であったといわれるが、先の小石川仲町のように辞退する町もあり、次第にありがた味は薄れていったようである。

参加人数については、慶安《けいあん》二年（一六四九）三〇〇〇人、宝永六年（一七〇九）五一〇〇人、寛政四年（一七九二）五一一八人、文政十年（一八二七）五一一八人、嘉永《かえい》二年（一

八四九）三八七町、五一一一人と五千人を上まわる数で推移している。慶安二年の数字は『大猷院殿御実紀《だいゆういんでんごじつき》』に記されているものである。この後、宝永にかけて変化があったものだろうか。吉原の異議申し立てに対し、もう五〇〇〇人で締め切ったと町年寄がいっていることからも、五〇〇〇人が一応の目安であったのだろう。

御能拝見の特権は継承された。たとえば町の一部が接収され、代地が与えられた場合、御能拝見の札はその割合にしたがって、代地に割り与えられる。したがって町数の増加はあるが、参加人数の大きな変化はないわけである。江戸城への年頭参賀と御能拝見が古町の特権として継承されていたものとすれば、時代の下った史料であっても、寛永期の町の様子を知ることができよう。

御能拝見の町

御能拝見を許された町の町名がわかる史料は今のところ三点ある。

一つは、松浦静山の『甲子夜話《かっしやわ》』続編一に書き留められているもので、年次不明、八百八町、五七一四人という数字と、徳川家斉《いえなり》の太政大臣昇進を祝って、文政十年三月に実施されたときの町名と札数とが記されている（①）。

二点目は「御能拝見出候《いでそうろう》人数之覚」（②）というもので、寛政四年（一七九二）、家斉に若君が誕生したことを祝って御能が演じられたとき、拝見を許された町名と人数を雉子《きじ》町《ちょう》名主斎藤市左衛門が書きとめたものである（『東京市史稿』産業篇三八）。もう一点は、深川相川町の名主が編纂した『重宝録』に収録されているもので、「御能節被下《おのうのせつくだされ》銭、並御年頭上候《あがりそうろう》名主、角屋敷の者、献上品とも」（③、『重宝録』第一）という表題のものである。③には御能拝見の町名・銭高とともに、年頭参賀を許された名主・角屋敷の者の町名が記されている。年代は天保《てんぽう》ころのものかと思われる。幸い、②・③とも近年活字化されている。

御能拝見についてこの三点を対比してみると、①には通二丁目がない。①・②にある上《かみ》槙《まき》町・元赤坂町・本所茅場町が③にはない。元赤坂町・本所茅場町は他の史料からも古町であることがはっきりしているので、この異同は単純なミスとしておきたい。吉原五町に銭は支給されているが御能拝見の札は配られていない。佃島《つくだじま》、芝車町の名主は年頭参賀に出頭を許されているが、町に御能拝見の札は割り当てられていない。

掲載されている町名を見ていくと、たとえば七番組に三七の町名が記されている。しかし、築地辺は寛永期まだ開発が進まず、陸地すら少ない。本所についても一八の町名が記されている。一見、寛永期をそのまま引き継いでいるとは見えないのだが、たどってみると、築地や本所の町々は代地として与えられた土地で、何々代地と称さず、新しく町名を立てたものであることがわかる。これら代地の元地が古町なので、その一員として御能拝見の札が配られたのである。このように今後なお検討する余地はあるが、この御能拝見町名の一覧は寛永の外堀工事によって完成した江戸、明暦以前の江戸の町域を町名に即して知ることができる史料である。

吉原町のこと

吉原の古事を集めた『洞房古鑑《どうぼうこかん》』に「御能拝見」と「年始御礼並御目見得」という項がある。吉原町では寛永十三年（一六三六）以来一町に二〇人ずつ計一〇〇人が御能拝見にいき、菓子・銭を頂戴してきた。しかし延宝八年（一六八〇）、御能拝見の通知が吉原町に届かなかった。町年寄奈良屋に問い合わせたところ、遠方なので取り紛れ遅れたのであろう、いずれ通知があろうとはぐらかされ、銭だけ受け取って帰った。宝永六年（一七〇九）、明日将軍宣下の御能があるとの知らせはあったが、人数の割り当てはなかった。すぐに奈良屋へ駆けつけたところ、前回拝見していないところへは割り当てないことになっているという、そんな理不尽な、こちらの都合で出なかったわけではないといったところで、人数五〇〇〇人、帳面を締めて与力に渡してしまった、変更できないと取り付く島もない返答。その後も再三再四出願するが、吉原のものが御能拝見に出席していたことを知っているものがいるのかなどと聞かれ、結局延宝八年以降、吉原町のものは御能拝見の席には加われず、銭だけが配布された。町年寄に吉原町排除の意向があったといえるだろう。

少し時期がずれるが、町奉行への年頭参賀についても同じようなことが生じた。町奉行が三人体制のとき、名主たちは正月五日と七日に挨拶に参上していた。寺社領の町々が町奉行の支配も受けるようになった延享二年（一七四五）の翌春、南町奉行所では、吉原町は総町の末、すなわち寺社領の町々のあとに回されてしまった。古町を自任する吉原としては承服できない扱いであった。宝暦五年（一七五五）には、拝礼の時間が繰り上がったのに吉原に知らされなかった。特に南町奉行所が強硬であった。宝暦九年、吉原町の名主仁左衛門は実力行使に出た。強引に古町の後に割り込み、座順乱座を強行した。結局これは町奉行所の足並みもそろわなかったため、仁左衛門の強行策が功を奏して、古町の末となった。

吉原町をめぐるこうした動きは、御能拝見・年頭参賀といったことが社会の秩序を維持するうえで重視されている一方、その中間のところで変更することも可能であったことを示している。

寛永期の町々

御能拝見町々の分布

②「御能拝見出候人数之覚」に記されている町名、御能拝見札数を名主番組ごとに集計したのが次ページの表4である。また、本書の巻末に番組ごとの町名一覧を掲げた。この町名は②の史料による。番組の位置は七六〜七七ページの図6に示した。図6は文政元年（一八一八）の「江戸朱引図」に番組のおよその位置を示したものである。名主番組が編成されたのは享保《きょうほう》七年（一七二二）であるし、名主の編成であるから、町の地域的編成と一致しない場合もあるが、他に適当な地域区分の指標になるものもないので名主番組を使うことにする。その町が何番組に属するかは、基本的には『安永《あんえい》三年小間付北方南方町鑑』（『小間付町鑑』と表記）によった。「安永

表4　御能拝見町の分布

番　組	御能拝見町数	同札数	江戸庄図町数	安永町数	安永名主数
1	59	808	47	94	15
2	35	500	34	93	14
3	10	143	—	139	25
4	28	388	27	49	8
5	24	352	33	40	10
6	50	603	35	56	9
7	37	516	9	72	10
8	32	564	23	61	14
9	1	8		125	13
10	—	—		67	14
11	22	394	21	52	10
12	19	306		50	8
13	2	6		96	17
14	—	—		147	26
15	37	512		159	22
16	18	18		66	10
17	—	—		122	16
18	—	—		60	7
19	—	—		30	4
20	—	—		80	13
21	—	—		32	3
番外吉原	—	—		(6)	(5)
番外品川	—	—		18	2
計	374	5118	229	1714 (吉原とも)	275

（出典）寛政4年「御能拝見出候人数之覚」をもとに作成．また，安永町数・安永名主数の各欄については『小間付町鑑』各番組末の集計による．ただし，吉原は明和8年版「町鑑」による．

町数」「安永名主数」はこの『小間付町鑑』の番組ごとの集計を使った。町数一七一四町は代地・蔵地なども一町に数えた数である。

御能拝見の札が配られた町の総数は三七四、札数は五一一八枚である。広く日本橋地域といわれる一・二・四番組、中橋から芝にかけての五・六・八番組、内神田の十一番組は「江戸庄図」に描かれている範囲である。「江戸庄図」で町名が記入されている町数を入れておいた。麻布・青山・渋谷・白金《しろかね》などの十番組、駒込・巣鴨・小石川《こいしかわ》・谷中《やなか》などの十四番組、深川の十七番組、本所《ほんじょ》の十八番組、延享《えんきょう》以降結成された十九・二十・二十一番組、番外吉原・品川に該当の町はない。先に触れた小石川仲町は年頭献上物の代価は払っているが、御能拝見の札は配られていない。

次項で述べるように、七番組・十六番組には代地として細分化して移転した町が含まれている。さらに、町数のもとになった町名は寛政四年（一七九二）のものであるから、寛永期よりかなり増えていると思われる。たとえば銀座の裏河岸など、寛永期に一町をなしていたものかどうか。

こうした数を差し引いたとしても、古町三〇〇町といわれるより一割方多い三三〇町ほどと推計しておく。

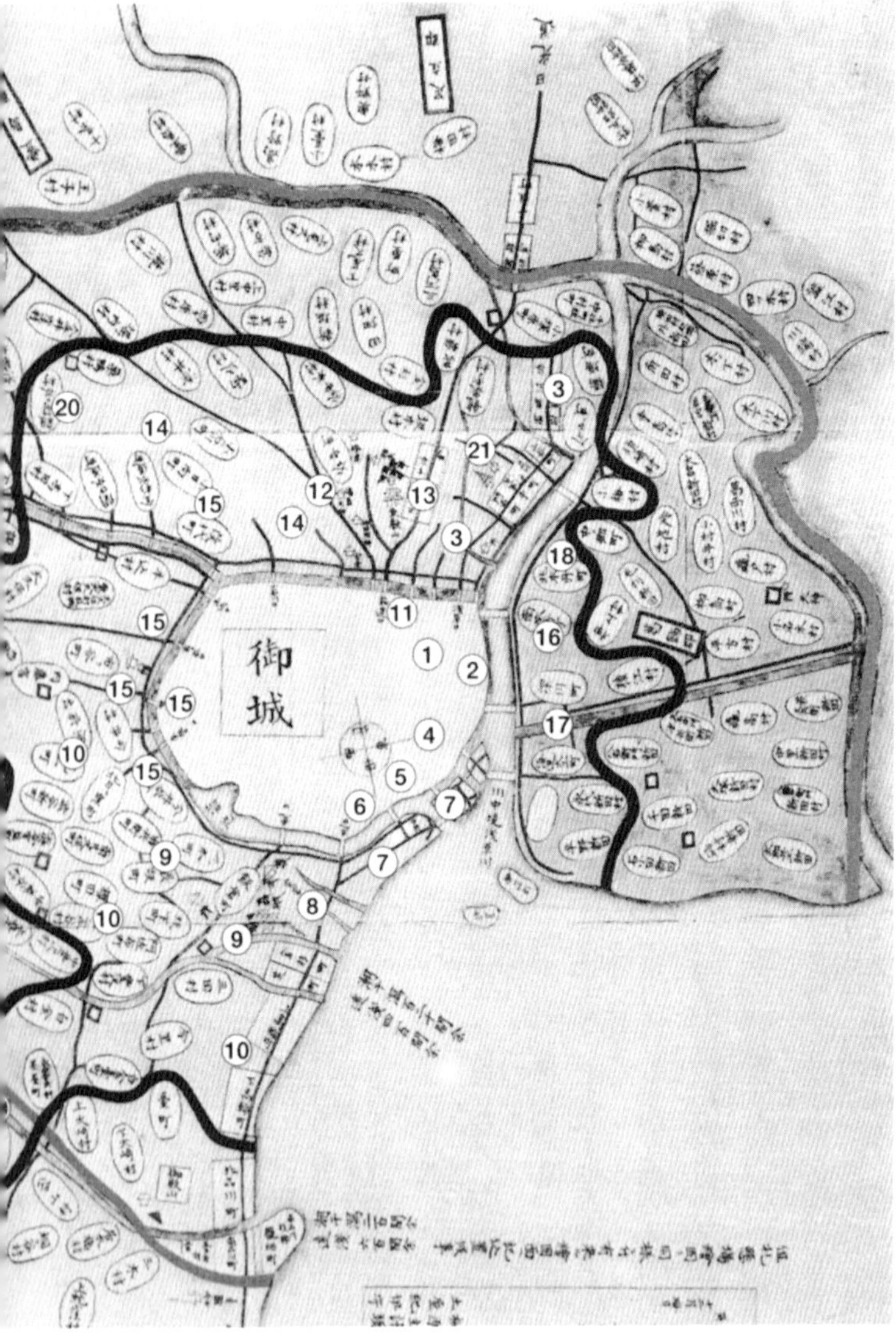

図6　名主番組位置図（「江戸朱引図」）

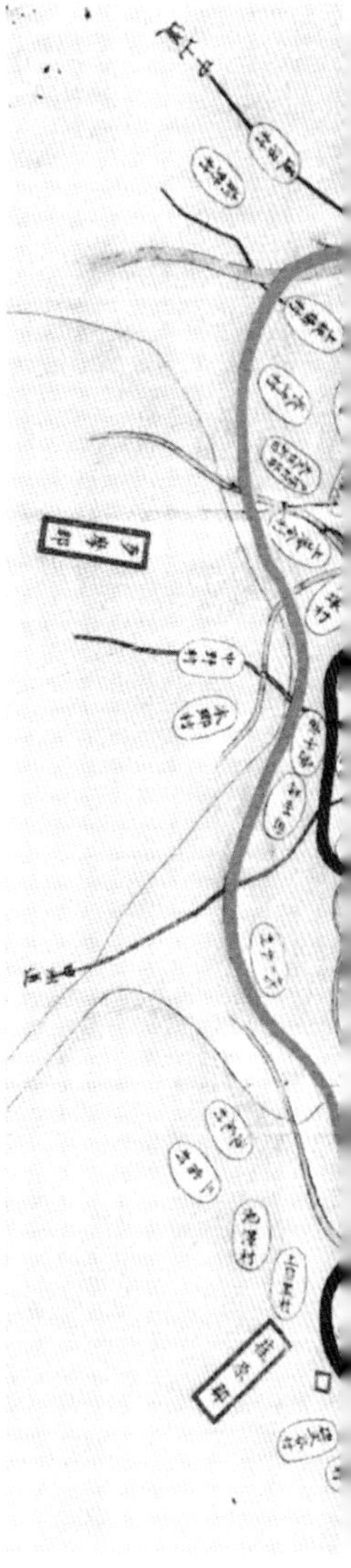

「江戸庄図」に描かれている地域

〔日本橋・神田〕

一・二番組は、北は竜閑堀《りゅうかんぼり》（元禄《げんろく》四年開鑿《かいさく》）から南は日本橋川との間の地域で、もっとも早く市街地建設が行われた地域である。竜閑堀の北、神田川の南が内神田で十一番組になる。「江戸庄図」ではすべてに町名が記入されているわけではない。特に二番組の場合、町名の記されていない町が多いが、元和《げんな》年間（一六一五―二四）に成立したという葺屋町、本願寺門前であったという橋町、草分《くさわけ》名主村松家の支配する村松町など他にも寛永《かんえい》期には成立していた町を確認できる。吉原移転後の町とされる住吉町・新和泉町も古町となっている。

日本橋地域の北に続く十一番組、内神田の町々については、ほとんどが「江戸庄図」で確認できる。そしていかにも職人の町らしい歴史を思わせる町々である。

〔八丁堀・築地〕

四・五・六番組の町々も寛永期にはほぼ成立していた。問題は七番組である。日本橋川

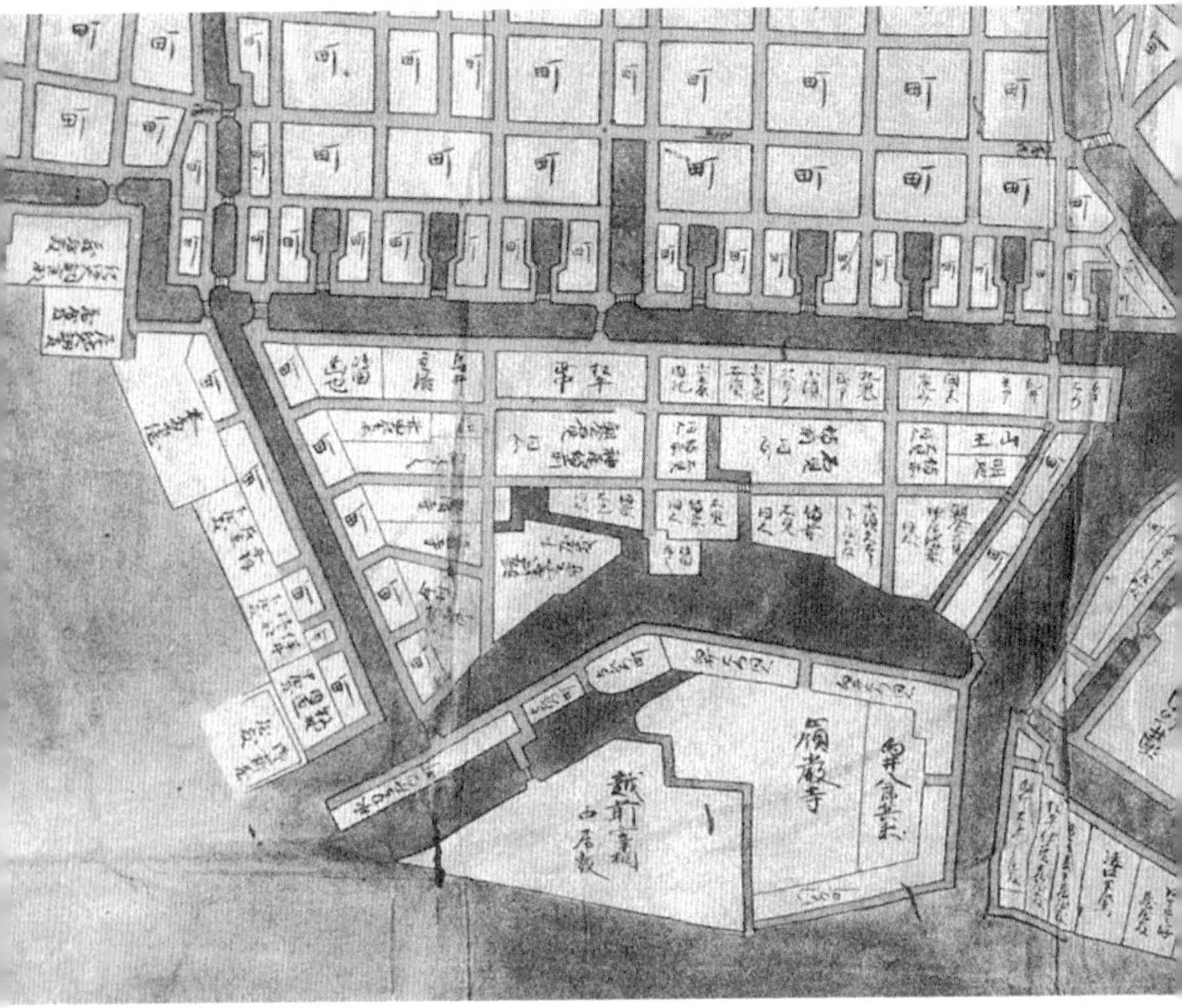

図７　八丁堀・築地周辺（「寛永江戸全図」より，臼杵市立臼杵図書館所蔵）

の南、紅葉川・三十間堀の東側、八丁堀・霊岸島《れいがんじま》・築地といわれる地域である。この地域で御能拝見の札を配られている町は三七ある。一方「江戸庄図」に描かれている町は少ない。茅場町（南茅場町）・本八丁堀・南八丁堀・木挽町《こびきちょう》（六番組所属）、霊岸島の南新堀、東湊町のあたりくらいである。築地は大半が海で、霊岸島も霊巌寺と大名の屋敷が大半を占めている。御能拝見の札が配られた町々を調べてみると、そのほとんどが代地である。霊岸島塩町は大伝馬塩町の、霊岸島四日市町は日本橋四日市町の、霊岸島長崎町は中橋長崎町の代地という具合である。幸《さいわい》町・日比谷町は幸橋御門外幸町の代地、南本郷町は湯《ゆ》島《しま》四丁目の代地などとある。はっきりしないのは鉄炮洲《てっぽうず》といわれる地域である。本湊町・船松町・上柳原町は御能拝見を許されている。あらためて「江戸庄図」と「寛永全図」を比べてみると、一〇年ほどの間に八丁堀は寺地から武家地へと変貌し、築地の開発が進んでいることが分かる。鉄炮洲は早くから鉄炮の調練場があったというので、明暦大火前に町場化していたのかもしれない。七番組では寛永期末までに成立していたのは二〇町に満たなかったと見ておきたい。なお、佃島の名主は年頭参賀に出頭しているが、御能拝見の札は配られていない。

〔芝〕

八番組は桜田を冠した七か町と東海道芝口《しばぐち》から金杉橋《かなすぎ》までの表通りと東西の町々である。「江戸庄図」は神明町までだが、その南に続く浜松町・片門前・中門前・新網町など古町の扱いである。新網町は草分名主大場惣十郎の支配する町である。東海道の表通りと増上寺の間、増上寺の門前にあるのが、三島町・神明宮門前・七軒町・中門前三町・片門前三町である。まず三島町だが、寛永十八年（一六四一）ころ門前地が拡張したとき町となった、公役銀も年貢も納めず、増上寺に人足役銭・掃除役銭を納めている、同時に、古町なので重き御祝儀のときには御能拝見を許されていると記述している。七軒町・中門前・片門前町々とも同じ記述である。これらの町々には御能拝見の札が配られている。寺領の門前町であっても、寛永期までに町奉行と両支配になった場合は古町の扱いを受けたようである。

「江戸庄図」に描かれていない地域

〔浅草〕

「江戸庄図」で三番組浅草は浅草御門外の町屋がかろうじて描かれているだけである。「寛永全図」では山谷堀の近くまで「町」の書き込みがあるが、御能拝見の札が配られたのは、浅草御門外の平右衛門町・神田久右衛門町・浅草新旅籠《はたご》町・浅草茅町一・二丁目・浅草瓦町・浅草天王町・浅草旅籠町一・二丁目・浅草森田町である。浅草御門外と神田川沿いの町と、奥州街道沿いは米蔵の前の町々までである。それより北は浅草寺の門前町で、早くから町場化していたと思われるが、御能拝見の札は配られていない。浅草寺の門前町が町奉行支配を受けるようになったのは万《まん》治《じ》年間（一六五八—六一）、寛永期には寺社奉行支配の一手支配であった。町として成立していても、年頭参賀・御能拝見といった古町の格を与えられたのは町奉行支配の町々に限られていたと思われる。

〔金杉橋南〕

九番組は東海道芝金杉橋から本芝町・田町・車町へと続く町々と、その後背地《こうはいち》である飯《いい》倉《くら》・三田・麻布に広がる地域である。ここの古町は赤羽橋外、薩摩屋敷前の松本町一・二丁目のみである。「寛永全図」では「明地《あきち》」となっている。

松本町について調べてみると、寛文《かんぶん》七年（一六六七）金杉橋際に多門櫓《たもんやぐら》が建てられることになり、金杉橋の南北両端の土地が御用地となり、代地を与えられて誕生したのが松本町であった。橋の北側は浜松町四丁目で、浜松町四町は古町であった。そのため古町の列に加えられたのではないだろうか。したがって、当初は九番組に古町はなかった。

なお、芝車町は年頭参賀の列に加えられているが御能拝見の札は配られていない。牛持《うしもち》たちが増上寺普請《ふしん》のため京都から呼ばれ、高輪に大縄地《おおなわち》を拝領したのは寛永十六年（一六三九）、当初寺社奉行支配を受け、のち代官伊奈の預かりとなり、寛文二年町奉行支配となったという（『御府内備考』）。車町の年頭参賀は古町とは別の理由によるものなのだろうか。

〔外堀の外〕

十二番組は筋違《すじかい》橋御門外から湯島・本郷までの地域であるが、この地域の古町は神田佐久間町一～四丁目、神田旅籠町一・二丁目、湯島の一～六丁目、本郷の一～六丁目まで、板橋へと続く街道筋だけである。

十三番組は下谷と括られるところで寛永寺領や拝領町屋敷の多いところである。ここの古町は湯島切通片町と玄桂屋敷だけで、寛永寺の門前町は古町ではない。安永三年の『小間付町鑑』では九六町となっている。

十五番組は麴町《こうじ》・市谷・牛込・関口・小日向《こひなた》・四谷・赤坂と広範な地域を含んでいる。古町の数は三七あるが、元飯田町を除けば草分名主の支配する町である。麴町の一三町、元赤坂町・市谷田町など七町、大伝馬町拝領の四谷伝馬町七町、南伝馬町拝領の赤坂伝馬町一〇町などである。四谷・赤坂の伝馬町が起立したのは寛永十三年である。

〔本所〕

十六番組と十八番組は本所である。本所では、本所徳右衛門町二町・同茅場町三町・同花町・同吉田町二町・同新坂町に九人分、本所柳原町六町・同入江町・同長崎町・同清水町に九人分の札が渡されている。結論からいえば、これらの町々は、いずれも古町の代地である。本所徳右衛門町、柳原町は昔、神田和泉橋から新《あたら》シ橋にかけての内側にあった町であった。寛文元年類焼後火除地《ひよけち》に接収され、本所に移転を命じられた町である。本所一帯が武家地になった一〇年ほど分散を余儀なくされたが、また本所に戻った。『御府内備考』には、家康入国後まだ三〇〇町にもならない時代からの町で、江戸城へ年頭および将軍代替りのとき、献上品を納め、お目見えを許されていると記している。

本所茅場町は八丁堀南茅場町から万治三年（一六六〇）に、本所花町は寛文元年（一六六一）神田旅籠町から、吉田町は寛文年間神田から、新坂町の元地は市谷左内坂町で、寛文二年本所へ、入江町、長崎町は明暦大火後、中橋広小路から霊岸島に移転、寛文元年さらに本所へ移転と、いずれも古町の代地であった。

清水町は特殊な例のようである。清水町の元地は谷中清水坂で東叡山領の年貢町屋であった。寛文元年権現《ごんげん》様御宮（東照宮か）の火除地となった。年貢地に代地は与えないのだが、数十年御宮の役を勤めた褒美として、古町並みに本所に代地を与え、移転料も支給した。寛文三年以降、江戸城への年頭参賀を許され、延宝八年から御能拝見を許されている。役儀の褒賞として古町への格上げということもあったのであろうか。

その他に本所林町一～五丁目は元地浅草瓦町から、本所緑町一～三丁目は元地浅草天王町から札の配分を受け年頭参賀に加わっているという。

十七番組深川にも古町はないが、深川中島町が南小田原町・南本郷町・霊岸島川口町から御能拝見の札の配分を受け、年頭参賀に出ている。麻布から渋谷にかけての十番組、小石川・関口から谷中にいたる十四番組、北本所・中之郷の十八番組、麻布の南部から白金方面の十九番組、早稲田・雑司が谷・柏木と外縁を囲む二十番組、浅草の寺院門前町による二十一番組の町々には、十八世紀末においても御能拝見を許された町はなかった。

以上のように、江戸城外郭が完成したころの、町奉行支配の町々は、「江戸庄図」に描かれている地域のほかに、街道筋の起点になるあたりと、草分名主の支配する町々であった。

古町以外の「町」

斎藤市左衛門家に残されていた「御能拝見出候人数之覚」によって「古町」を確認してきた。古町の代地として御能拝見の札を配られていた町々を除くと、三三〇町ほどになろうか。古町三〇〇町というのはオーバーな数ではなかった。

しかし、寛永末と区切っても、江戸の町はこの古町だけであろうか。このほかにも「寛永全図」にまとまりを持って「町」と記されているところがいくつかある。「寛永全図」には個別の町名があまり記されていないので正確なことはいえないが、古町以外の町も存在していたのである。

浅草の浅草寺門前町は慶長《けいちょう》十八年（一六一三）、寺領として浅草寺に与えられ、正保《しょうほう》二年（一六四五）には町奉行の支配も受けるようになった。中世以来の門前町として町場化していた。先に述べたように「寛永全図」では山谷堀辺まで「町」と記入されている。

上野山下の寛永寺領についても同じようなことがいえる。東叡山寛永寺が上野に建立されたのは寛永二年（一六二五）であった。広大な境内整備とともに、山下に門前町が形成された。「寛永全図」では、まだ山下の広小路はなく、黒門も描かれていない。しかし、山を取り囲むように「町」「大僧正町」と記入されており、坂本村の境には「金杉町」とある。

『御府内備考《ごふないびこう》』の記述で補ってみると、たとえば、車坂町は坂本村に通じる山下に形成

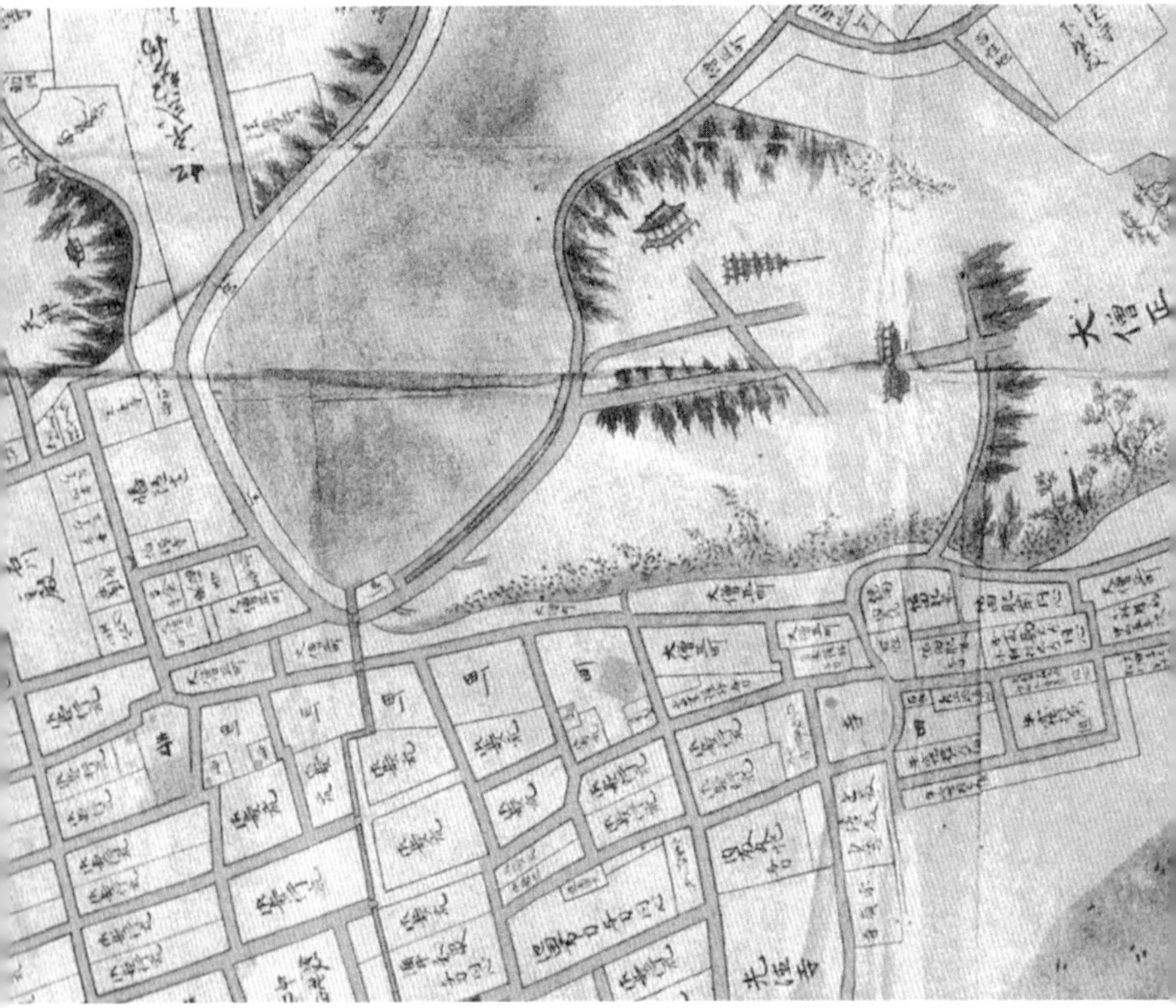

図8　上野山下周辺（「寛永江戸全図」より，臼杵市立臼杵図書館所蔵）

された町屋で、寛永寺本坊の人足役・境内御掃除人足役を勤める門前町であった。上野町は、元地が寛永寺境内となった二葉村の代地として与えられたもので、そのときから寛永寺領になったとする。このように、すこし年は違うが、上野南大門町・上野元黒門町・上野新黒門町・上野北黒門町・池之端《いけのはた》仲町・茅町などが、寛永年間（一六二四―四四）の早い時期に成立している。このように見てくると、寺領の町は古町の扱いを受けていなかったのである。

「寛永全図」で眺めてみると古町以外で「町」と表示されているのは門前町の可能性がある。家康の生母お大の方を供養して、江戸草創期に建立された伝通院《でんつういん》で確認してみる。伝通院領の伝通院前白壁町・陸尺《ろくしやく》町・表町、伝通院裏門前町は寺社奉行支配のもとで、慶長七年に町となり、明暦三年（一六五七）町奉行の支配も受けたとする。同じ伝通院領でも久保町・橋戸町・指谷《さすがや》町などは元和年間伝通院領になり、寛永十一年町立てが認められ、延享二年（一七四五）に町奉行の支配を受けるようになった。いずれにせよ、古町ではないが寛永年間には町であった。

龍慶町のこと

「寛永全図」の小石川御門外と牛込御門外のちょうど中間、外堀へ流れ出る江戸川の左右の岸に沿って、「龍慶町」と書き込まれている。もう

図9　龍慶町周辺（「寛永江戸全図」より，臼杵市立臼杵図書館所蔵）

一筋西側、牛込御門から神楽坂を上がって道なりに穴八幡へと通じる道を行くと、ここにも「龍慶」「龍慶町」「龍慶分」というのが目に付く。これはどういう町なのか。調べてみると、書家大橋流の祖ともいうべき大橋龍慶が拝領した町であった。大橋龍慶こと大橋長左衛門重保は、大坂の陣に片桐且元とともに家康の側に立ち、その後召されて祐筆《ゆうひつ》となり、五〇〇石を賜ったという。寛永十一年（一六三四）、隠居するにあたって禄は息子に譲り、隠居料三〇〇俵を与えられ、のち蔵米《くらまい》の代わりに牛込郷において三〇町余の土地を与えられた。その後、鷹狩りの帰途、将軍がしばしば牛込・高田の別荘に立ち寄ったという。拝領の経過からいって、こうした町々は大橋一家の居住のためではなく、収益を期待してのものであろう。重保の子重政も祐筆となるが、その後は代々大番役を勤め、書家は重保の次男によって受け継がれていった。

しかし「正保江戸図」に「龍慶町」は残っているものの、明暦大火後の絵図には「龍慶町」の記入はない。江戸川の縁《へり》は「御鷹匠衆《おたかじょうしゅう》」の拝領地になり、高田の方には「八幡町」「新町」と書き込まれている。そして龍慶の別荘があったかと思われるところに、「祖心寺」とあるが、これは済松寺である。寺歴によれば、正保三年（一六四六）、祖心禅尼が家光の指示により大橋立慶の屋敷を与えられて創建した禅寺である。祖心禅尼は春日局《かすがのつぼね》に縁があり、春日局のあと大奥取締を勤めた。『御府内備考』牛込の天神町の項には、天神町は大橋龍慶の屋敷があったところ、おいおい町屋が立ち、済松寺領となり寺社奉行の支配を受けたとし、『日本地名辞典』（角川書店）は、キリシタン大名大友宗麟《おおともそうりん》の孫義延《ぎえん》の屋敷が義延の死後龍慶の屋敷となった、二人とも隠れキリシタンで、牛込に一二〇名いたといわれる隠れキリシタンはこの屋敷を根拠地にしていたと記している。寛永十七年、宗門改役《しゅうもんあらためやく》が設置され、キリシタン取締りが新たな段階に入った時期であった。ここでその真偽を問うのが目的ではない。拝領町屋敷も成立していたことを指摘しておきたいのである。

寛文二年令の不思議

寛文二年（一六六二）十一月、下谷《したや》・浅草・芝地域の町々が町奉行支配に組み込まれた。この措置によって、およそ三〇〇町が町奉行の支配に組み込まれ、江戸の市街地は一段と拡張したといわれてきた。

町奉行支配となった地域は次のように記されている。

① 上野広小路町、ならびに下谷町通は坂本町まで、ただし池之端町は除く。

② 浅草通りは日本堤まで、今戸《いまど》通りは今戸橋まで、知楽院《ちらく》（伝法院の旧名）門前町の分残らず。

③　天徳寺門前より西之久保通り、芝札の辻脇まで。
④　西応寺門前町の分。
⑤　芝通りは大仏まで、芝網引町分とも。

の五地域である。上野山下一帯、坂本町から金杉一帯は、寛永寺建立とともに寺領として与えられ、寛永寺に役人足を勤めていた。これらの町々が町奉行支配に組み込まれるのは延享二年（一七四五）、大小の門前町が寺社奉行とともに町奉行の支配を受けるにいたったときであった。それ以前の「町鑑《ちょうかん》」には上野山下はもちろん、それ以外の寛永寺領の町々も記載されていない。寛永寺領の町奉行支配組み入れは先延ばしにされたことが明らかである。

②の浅草についても疑問が生じる。先に述べたように、浅草橋から御蔵の前あたりまでは古町であった。その北方、浅草寺周辺は大半が浅草寺領である。浅草地域の町々の場合、『御府内備考』に町の起立年や、町奉行支配になった年月などが記されていない例が多い。『御府内備考』の続編にあたる「寺社書上」で浅草寺は、門前町屋敷として二四か所の町名を上げ、町々が繁栄するのに伴って支配が行き届かないようになったので、万治二年（一六五九）、江戸町々と同様、町奉行の支配を受けたいと願い出て許されたと記している。

二四か所（町）のうち仲町（のちに東西に分かれる）は万治二年から町奉行の支配を受けるようになったと明記している。①と対照的に、寛文二年にはすでに町奉行の支配も受けていたのである。

③天徳寺は愛宕《あたご》山の西側にあった。天徳寺のある西久保通りから飯倉を経て赤羽橋、橋を渡って三田の町筋から芝田町四丁目の札の辻までの道なりの町々である。④はなぜ特段に一つ書きにしているのかわからないが、金杉通四丁目の西側、西応寺の東側にある。起立は天正で、古町といっているが、年貢を西応寺に納め、寛文二年に町奉行支配になったとし、御能拝見の札も配られていない。⑤はこれまで浜松町までが町奉行支配であったが、金杉橋を南へ渡り、車町までが支配に入った。③⑤とも『御府内備考』の記述と一致している。しかし、③④⑤の町数はあわせても六〇町ほどにしかならない。寛文二年に組み入れたとするこの三〇〇町というのは、古町成立後から寛文年間までに増加した町数であろうか。

町人の御能拝見を手がかりに、初期の江戸の町屋の様相を探ってきた。神田川の南側、内神田・日本橋、日本橋の南、通町から中橋・京橋・新橋（芝口）まではまとまりを持った市街地が形成されていた。八丁堀・霊岸島は海端に町が形成されていた。街道筋は東海道が増上寺門前一帯、金杉橋まで、奥州街道は浅草御門外、蔵前どまり、筋違《すじかい》御門外は湯島から本郷までであった。あとは草分名主が配置された麴町・赤坂口・四谷口・市谷であった。

しかし、古町以外にも「町」は存在した。代官支配地で町屋を立てることを認められたところもあり、寛永寺など大寺は町屋を寺領に抱え込んでいた。「古町」というのは、従来からいわれてきた「寛永期までに成立した町」という定義に、「町奉行支配の」と付け加える必要がある。

古町名主

十八世紀末、古町の扱いを受けた町は三七四町あった。年頭参賀に出頭した名主は一〇六人（『重宝録』第一）、名主二七五人の三八・五％を占める。十九世紀半ば一〇六人から草分名主二七人を除いた七九人が、いわゆる古町名主である。十九世紀半ばに、どのような人物が古町名主を勤めていたのだろうか。

九番組、桜田久保町の久保清左衛門は家康から直々《じきじき》に拝領物をいただくような間柄であったが乱心し、名主を罷免されてしまった。十八世紀も初めのころのことである。跡を継いだのは「草分同様古き家」の惣右衛門であった。惣右衛門は久保家にあった権現様の御尊影の軸を引き継ぎ、家康の命日に祭事を行っている。たびたびの火災にも、この御尊影を守り通してきたという。伊藤惣右衛門は明治維新まで名主を勤めた。

芝浜松町は古町で、公役《くやく》を勤める町である。名主は、慶長年間（一五九六―一六一五）から増上寺の代官を勤める奥住久右衛門が兼帯し、久右衛門町といったという。元禄年間（一六八八―一七〇四）、奥住は兼帯をやめ、浜松出身の権兵衛が名主となり、町名も浜松町と改められた。権兵衛の子孫が代々継承したが、のちに新網町の大場の支配を受けるようになった。

外神田の佐久間町一～四丁目は、寛永十八年（一六四一）の大火で類焼したという記録があるので、それ以前からあったというだけで、それ以前のことはわからない。内神田にあったのではないかとも記されている。名主は宝永年間（一七〇四―一一）に古い家持《いえもち》町人の長左衛門がなり、その子孫吉村源太郎が継承したという。神田旅籠町一丁目は昌平橋外河岸通りにあり、板橋・川口両宿へ通じる街道筋にあたり、旅籠屋が集まっていた。名主善右衛門は古くからの家持町人であったが、名主になったのは正徳四年（一七一四）からであった。

湯島・本郷は武蔵国豊島郡峡田《はけた》領芝崎村のうちである。日光御成《おなり》街道として整備される以前、どのくらい町屋化していたものか、町屋化した年代、町奉行支配に入った年代など不明である。湯島の名主六右衛門は湯島一丁目に古くから住み、馬場守なども勤めているが、名主になったのは貞享《じょうきょう》二年（一六八五）からである。しかし古町であるから、正月三日、江戸城へ上がり、扇子を献上、お通り掛かりにお目見えを許され、臨時御祝儀御能が行われるとき、町内家持は拝見に出るとしている。

本郷は長禄年間（一四五七―六〇）、武蔵国豊島郡峡田領本郷村と確認できるが、町屋化した年代、町奉行支配に入った年代など不明としている。本郷六丁目の一角を占める喜福寺門前町は慶長十年（一六〇五）に門前町屋を許され、代官の支配を受けていたが、承応《じょうおう》元年（一六五二）より町奉行の支配を受け、本郷六丁目町並の役を勤めていると記されているので、かなり早い時期に本郷の町屋化が進んでいたと思われる。

本郷一丁目の名主八兵衛は伊勢国の出身で、寛永年間（一六二四―四四）から居住しており、筆算もでき、相応の暮らし向きでもあることから、町内のものから頼まれ名主になり、八代目になるという。本郷四丁目の名主又右衛門の先祖塚谷佐一郎は加賀国塚谷村の郷士であった。寛永年間当地へ来て橋屋又右衛門と改名、加賀屋敷へ呉服ものを納めていた、この又右衛門から三代目にあたる又右衛門は寛保《かんぽう》元年（一七四一）から名主になり、当代まで七代になるという。本郷五丁目の名主源右衛門は本郷村といっていた時代から名主役を勤めていたが、廻り名主で、四人のものが交代で勤めていた。源右衛門が定名主《じようなぬし》となったのは寛文元年（一六六一）からである。

草分名主と異なるところは、将軍などから命じられたのではなく、その町の住人たちからの依頼により名主になったということである。交代の時期は十七世紀末から十八世紀前半にかけてである。浜松町以外には、おおむねその町の地付きのもので、実務能力が期待されて名主となった。こうした変化の背景には名主の役割の変化があり、世襲の草分名主にも変化をもたらさざるを得なかった。

大江戸の町と名主の役割

元禄時代の高野家

町の変化

明暦《めいれき》の大火後、一部の例外を除いて、御三家《ごさんけ》をはじめ大大名の上屋敷や寺社は外堀の外へ移転し、大名の下屋敷が周縁に配置されていった。こうして江戸の範囲は周縁に拡大していったが、従来からの市街地の様相にも大きな変化が生まれた。もう一度七四ページ掲載の表4に戻って、町の変化を確認しておきたい。

「安永《あんえい》町数」「安永名主数」は、『安永三年小間付北方南方町鑑』の各番組の末に記してある数の集計である。これは「代地の分も一町と数えた」数である。町数は、吉原の六町を加えて一七一四町、古町の五倍ほどに当る。御能拝見の町数から推測した古町三三〇町、寛文《かんぶん》二年（一六六二）の組み入れ六〇町、正徳《しょうとく》三年（一七一三）の代官支配地の組み入れ二五九町、延享《えんきょう》二年（一七四五）の寺社奉行支配地の組み入れ四四五町を集計すると一〇九四町となる。安永三年（一七七四）の一七一四町との差、六二〇町が上記の大規模な組み入れ以外に増加していたということになる。そのうち、明暦大火後の復興期に、かなりの町が誕生したと思われるが、それ以外にも江戸の町は絶えず膨張を続けていたといえるだろう。

番組ごとに見ていくと、寛永期に市街化していた地域でもかなりの町数の増加が見られる。二番組は明暦大火後の都市計画で、寺社や武家が移転し、そこへ他地域の町の代地を与えるという形で活用されたことによって大幅な増加が見られる。その北方にあたる十一番組でも同じような傾向が見られる。

「町の発展と古町」の章の「寛永期の町々」で述べたように、七番組はその後造成されて、武家・寺社・町ともに移ってきた。

上記の地域に比べ大幅な増加ではないが、一・四・五・六・八番組でも町数の増加が見られる。日本橋南の四・五番組で見ると、堀の埋め立て、広小路や会所地《かいしょち》の町屋化などが見られる。「江戸庄図」には本材木町一丁目から七丁目までの間に六本の入堀が日本橋通りまで穿《うが》たれている。明暦大火後西側半分が埋め立てられ、さらに元禄《げんろく》三年（一六九〇）、紅葉川の入り口まですべて埋め立てられ、新しく町となった。そこに誕生したのが、音《おと》羽《わ》・小松・福島・正木・松川・常盤《ときわ》町である。町の裏手にあった会所地も町屋化した。檜《ひ》物町《ものちょう》会所・上槙《かみまき》町会所・南槙町西会所・桶町東会所など、会所地に通された新道も一町と数えられた。

火除地《ひよけち》としての広小路の改廃もめまぐるしい。元禄三年、明暦大火後設置された長崎広小路が町屋化し、南大工町・通《とおり》三丁目代地となり、元禄十一年、大工町広小路には数寄《すき》屋《や》町・新右衛門町が誕生した。元禄期、土地利用の有効活用が望まれる時代であった。外延部への拡大だけでなく、市街地内部での土地利用の稠密《ちゅうみつ》化が併行して進んでいた。

高野新右衛門直重

町の変化とともに名主の盛衰も見られる。先に、かなり早い時期から草分《くさわけ》名主で退転していく家があったことを指摘したが、元禄期にも変化の一時期があったようである。木具《きぐ》製作の檜物大工星野又右衛門は、元禄元年（一六八八）木具製作から手を引き、名主役に専念した。星野のあとを引き継いで、桶大工頭・木具師を名乗った細井藤十郎は、健康上の理由で、宝永《ほうえい》元年（一七〇四）名主役を他家に譲った。鍛冶《かじ》方の高井、御畳大工中村の名主役返上はもう少し早い。紺屋《こうや》町関係では、北紺屋町名主は、宝永七年（一七一〇）には富沢徳兵衛となっている。

職人頭として幕府の求めに応じて、製作、納入することと、町役を勤めることは両立しがたかったのであろう。高野新右衛門とその支配する町の動向から、元禄という時代を見ておきたい。

高野新右衛門家四代直重《なおしげ》は寛永《かんえい》十六年（一六三九）生まれ、父の死後寛文二年（一六六二）に家督を継いだ。父に代わり、キリシタン詮議を受けた祖父専西の死を看取った。名主在職は三二年間に及び、元禄六年嫡男直治に譲った。この間、貞享《じょうきょう》四年（一六八七）剃髪《ていはつ》して宗恩と名乗っている。家督を譲ったあとは浅草に隠棲し、享保二年（一七一九）七九歳で没した。正妻に一男二女、妾腹に五女、後妻に一男という子福者であった。在任中、名主不在であった南鞘町・南塗師《ぬし》町、堀を埋め立て新しく町となった松川町一・二丁目の名主を命じられ、高額の土地を購入するなど、「家譜」執筆者直孝をして「直重の勤功子孫に残れり」といわしめている。また当時女性の信仰を集めつつあった祐天上人《ゆうてんしょうにん》の利益譚《りやくたん》の登場人物としても知られていた。

支配町の拡大

元禄二年（一六八九）、しばらく名主不在であった南鞘町・南塗師町が高野の支配するところになった。ついで元禄四年、堀を埋め立てて起立した松川町一・二丁目の名主も命じられた。これらの町は南伝馬《みなみてんま》町二丁目の東側に接し

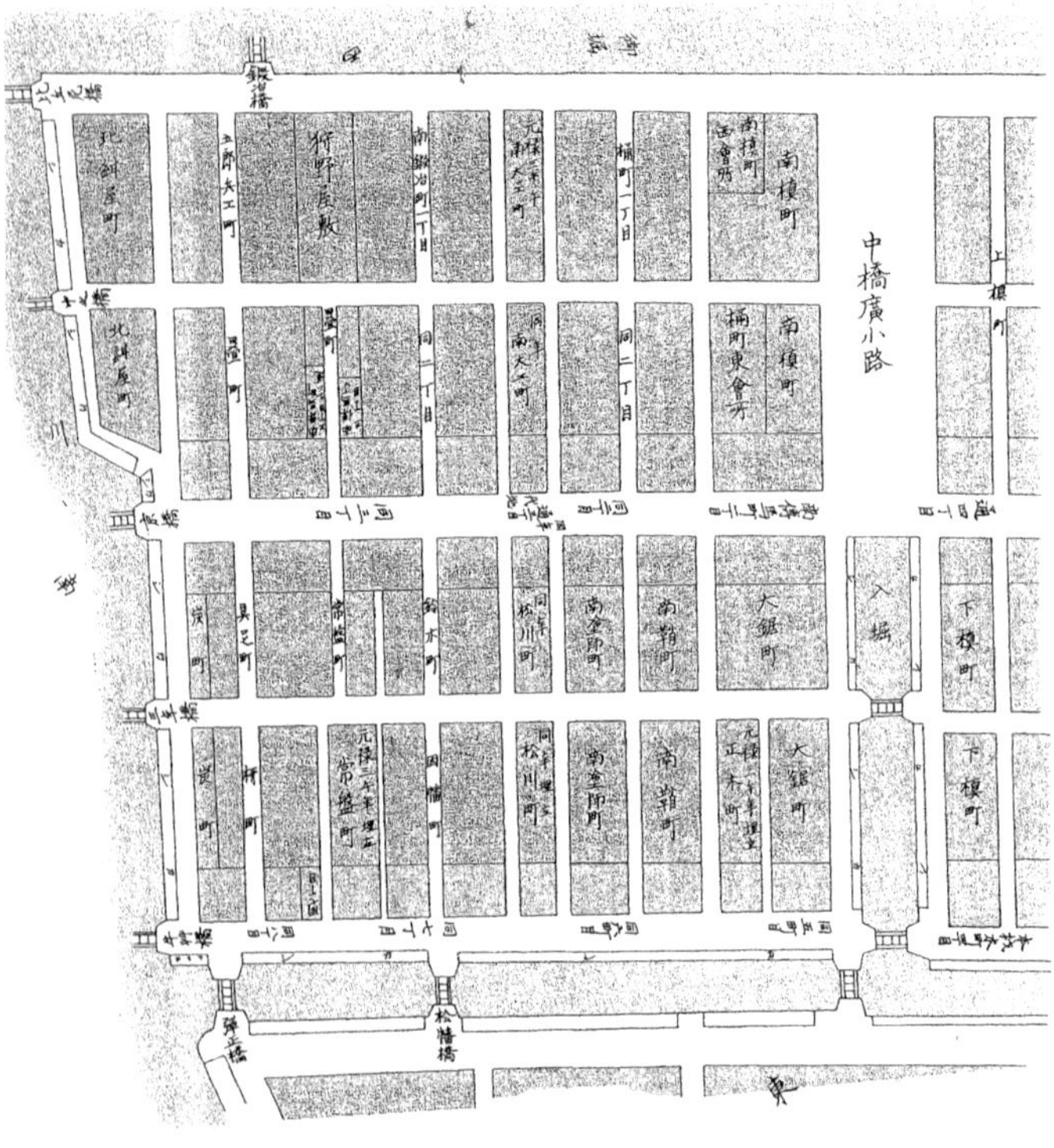

図10　高野家支配の町々（『御府内沿革図書』六・元禄年中之形より）

ていた。さらにこのころ、通三丁目代地の名主も勤めている。通三丁目代地は明暦大火後火除地《ひよけち》となった南伝馬町二丁目の一部が通三丁目の代地となっていたもので、正徳二年（一七一二）南伝馬町二丁目に復帰した。

日本橋の南で、堀を埋め立てて、新たに町となったところは、音羽町・小松町・新右衛門町・福島町となり、音羽町・小松町・新右衛門町は平松町名主伊東孫左衛門、福島町は箔屋《はくや》町名主市川又兵衛の付け支配となった。中橋の南は正木町・松川町・常盤町となり、正木町は南伝馬町一丁目名主吉沢主計、松川町は高野新右衛門、常盤町は三丁目名主小宮善右衛門へ付け支配となった。

名主が支配する町数の拡大は、高野家に限らず、市中全般にもいえることであった。従来、名主のいないところには、交代制でもよいから町で選出して名主をおくことが奨励されていたが、この時期には、近隣の町々の名主の支配に付けるという形で、町々を掌握しようとしたものである。五番組全体では、万治《まんじ》二年（一六五九）の町数二三町、名主一四名であったものが、安永三年（一七七四）では四〇町、名主一〇名となった。天明に中橋広小路が起立するが、町の構成は元禄期でほぼ安定する。

赤坂でも、南伝馬町の下名主を勤めていた惣右衛門が、近隣の赤坂新町二・三・四・五丁目の名主を町年寄《まちとしより》から申し渡されている。

高野家の土地購入

直重の時代は高野家の歴史においてもっとも裕福な時代であったように思われる。直重には多くの娘がいた。正妻の娘の一人ゆうは南伝馬町三丁目の医師服部玄広の妻になったが、直重と直重母の譲り金で、元禄十年（一六九七）柳町（中央区京橋）五間口三七〇両の土地を買い与えた（生前譲与）。南伝馬町一丁目新山仁左衛門の妻となった次女かねにも鎌倉町（千代田区内神田）一三間口四五〇両の土地を与える約束のところ、かねが早くなくなってしまったので、かねの息子新山仁左衛門に譲渡された。なお、妾腹の娘の一人小梅は通一丁目（中央区日本橋）名主樽屋三右衛門の養女になり、のちに息子藤次郎と結婚したが、一〇歳になったとき、持参金一〇〇両を樽屋方に支払っている。

娘たちへの遺産としてだけでなく、そのほかにも、五代直治時代にかけて、金六町（京橋際）に京間六間半、桶町一丁目（中央区八重洲）に京間一〇間、南伝馬町三丁目新道に京間五間、柳町に田舎間八間、南塗師町（中央区京橋）京間八間など、総計三〇〇〇両を超える土地を所有していたことがわかる。家質貸《かじちがし》（土地を担保にした金融）も盛んに行い、貸出額は一三三〇両にも及んでいる。

直重の母は西谷宗悦の娘で、宗悦の妻方には幕府高位の役職につき、三千石からの禄を貰っているものもいた。直重の妻は平野与左衛門の娘で、その兄弟は御金奉行・御勘定などを勤めていた。直重の時代は御伝馬役・名主という地位に加え、高位の旗本を親類に持ち、経済的にも豊かな状況であった。

直重時代の土地取引

高野家の「諸事証文目録帳」は証文の目録だけが記載されているものだが、明暦三年（一六五七）から元禄七年（一六九四）までの名主の役割の一端を知ることができるものである。この中にある土地売買・家質関係の証文を、比較のため貞享元年（一六八四）から元禄七年に限って集計してみた。南伝馬町二丁目では相続が一件、売買が二件、家質が八件である。南鞘町・南塗師町の場合は、売買が四件、家質が一四件、松川町一・二丁目は売買二件、家質二件である。通三丁目代地は家質が一件である。家質による金融活動が活発である。

経過が追える例を取り上げてみる。南伝馬町二丁目西側、北側が長崎広小路（通り三丁目代地）に面している七間半の土地は、宝永七年（一七一〇）の沽券《こけん》図では、駿河町（中央区室町）和泉屋三右衛門の土地で、御為替御用達《おかわせごようたし》の担保になっていた。この土地は明暦の大火後、友井林作の所有であった。八橋検校《やつはしけんぎょう》の弟子であった。友井林作はこの土地を担保に服部周竹より借金をする。借金を返済する見込みが立たなかったのか、万治元年（一六五八）見のや庄二郎に六〇〇両で売り、借金を返済した。庄二郎がいつこの土地を手放したかわからないが、寛文十三年（一六七三）、川内屋又十郎の所有となり、新田請負の家質として公儀へ差し出した。事業が終了したのか、天和《てんな》三年（一六八三）川内屋はこの土地を担保に壺や太兵衛より三〇〇両借入、貞享五年（一六八八）戸塚与右衛門に売却、元禄五年和泉屋三右衛門が購入した。三右衛門は御為替御用を引き受けるに当たって、この土地を一五五〇両の家質とした。これは売買価格ではないが、万治元年に六〇〇両であった土地が、元禄五年には一五五〇両の担保になりうるということである。土地取引の活況、地価の値上がりを類推できる事例である。なお、宝永沽券図では一四二五両となっている。土地の購入・売却といった資産運用が可能な時代であった。

赤坂一〇町は貞享元年から元禄四年まで、売買だけで四〇件、売買金額の総計は一万一一四八両二分となる。こうした土地取引件数の違いは、南伝馬町など中心部の町々以上に、中心部から離れた地域での土地市場が活発であったことを示すものだろう。また、貞享以前の土地関係証文は散見するだけであり、貞享・元禄期の土地移動の激しさを物語っている。

町　礼

個別の町の取り決めを町法《ちょうほう》とか町規《ちょうき》とかいうが、町法の主内容は町礼《ちょうれい》に関するものである。町礼というのは土地の購入・相続、家督《かとく》の相続、養子、家主交代などのときに、当事者からの町内へ挨拶として支払う金品の規準を取り決めたものである。宝永五年（一七〇八）に上限が定められたが、元禄十二年（一六九九）、南伝馬町より一ブロック北の通《とおり》町の「家屋敷売買の定」から名主の役得を抜き出してみよう。

名主本人へ、売買される土地の間口一間につき銀一枚（目方にして銀四三匁、金一両は銀六〇匁）、樽・肴《さかな》・扇子三本、名主妻へ五間口に金一両、名主子息一人につき五間口に金二〇〇疋《ひき》（一〇〇疋は金一分）ずつ、名主手代へ一人当たり五間口に金一〇〇疋、御内衆中へ庭銭《にわせん》二貫文となっている。そのほかに町中への振舞金一〇両、礼金五間に二朱、五人組・町代・番人などへも支払わなければならなかった。家督相続や家質の場合、金額は書いてないが、名主・五人組へ「付届《つけとどけ》」をするようにとある。親類のものが相続したときは売買並の支出が必要であった。

こうした町礼は次第に大がかりになり、中には芝居見物や舟遊びを要求する家主たちもいたため、宝永五年に、土地の売買に限って上限が定められた。それによると、名主への礼は、売買された土地の間口や金額に関係なく銀二枚となった。通町の場合は間口一間あたり銀一枚であったから、それだけでも大幅な削減である。名主妻や後継者への礼も不要になった。

高野家の収入

当時、三伝馬町には名主役料《やくりよう》というものはなく、肴代《さかなだい》として大伝馬町《おおてんま》の場合は年に銀一〇〇〇匁《もんめ》、南伝馬町は銀一五〇〇匁が届けられていた。南伝馬町では三町一体の建前で、土地売買の弘め金など、名主三人が受け取ったとしている（元禄十三年、『御伝馬方旧記』五）。南伝馬町分を単純に均《なら》せば高野新右衛門の取り分は銀五〇〇匁、金にすれば九両に満たない。役料というより肴代である。十八世紀末、寛政改革のときの調査では、南伝馬町二丁目の名主役料は二四両一分余、南鞘町と南塗師町がそれぞれ九両一分、松川町一・二丁目がそれぞれ五両ずつ、計五四両三分余と届け出ている。

しかし、天保の町入用調査のとき、南伝馬町では、名主役料は名主祝儀《しゆうぎ》の名目で、五節句ごとに、一間あたり銀二匁八分ずつ集め、高野と小宮で折半していると回答している。給料でないことはもちろんのこと、役料でもなく、町入用でもないと伝統的地位を主張し続けている。

高野家の収入という面から南伝馬町の土地売買の事例を検討してみよう。先の和泉屋三右衛門が御為替御用の担保に入れた間口七間半、沽券面一四二五両の土地を例にする。町礼が宝永五年（一七〇八）の規制前の通町と同じとすれば、名主の受け取る額が五両一分二朱、妻が一両二分、後継者が一両二分、合わせれば八両一分二朱となる。宝永以後では一両二分に満たない。

赤坂の場合は、宝永五年の基準が出されたとき、従来は南伝馬町の名主にそれぞれ銀二枚を渡していたが、これからは南伝馬町名主には払わず、赤坂の下名主にのみ支払うこととするという申し入れがされた。その後話し合いによって、南伝馬町名主にはそれぞれ銭一貫文（一両が四貫文）を払うということで落着している。赤坂の場合、貞享元年（一六八四）から元禄四年（一六九一）の八年間で四〇件の売買がされたので、単純に計算して、名主の収入は銀八〇枚（銀三四四〇匁）、金に換算すれば五七両一分余となる。それほど多額ではないが、単なる手数料とすれば高額である。

高野家は南伝馬町二丁目西側北角に間口一四間の屋敷を拝領した。この時期には、角地一〇間を名主居宅とし、残り四間を貸している。多額ではないが収入の一端を担っていた。元禄時代は土地取引が活発化し、土地の値段も上昇した時代であった。名主が手にする町礼も高額であった。さらに、あとでも述べるが、多額の拝借金を運用できる時代でもあった。直重の土地購入もそうした時代背景があって可能となったものであろう。

下女得脱の事

高田衛氏は『江戸の悪霊祓い師』で高野新右衛門下女得脱の事件を紹介されている。増上寺住職に任命され、大僧正《だいそうじょう》の地位に登り詰めた祐天上人（一六三七〜一七一八）が、まだ増上寺所化《しょけ》のころ、新右衛門の娘に取り付いたもののけを退散せしめたという話である。この話は高野家の主人が下女よしと密通して妊娠させ、妻や外聞をはばかって、下女に堕胎薬を飲ませて流産させようとした。しかし堕胎に失敗し、よしは苦しみつつ、わが子とともに死んでしまった。貞享二年（一六八五）、婚家から帰った新右衛門の娘みよは病に臥していたが、ある日突然よしの亡霊がみよに取り付き、みよの口を借りてうらみつらみを訴えた。恐怖を感じた新右衛門はさまざまな祈禱を試みたが効果がなく、みよの頼みで祐天上人を招聘《しょうへい》した。祐天はよしの話をよく聞き、よしには自分の罪を悔い改めるとともに、弥陀の本願を願って念仏するようにと諭し、よしと一五人の水子に法名を授け追善《ついぜん》し、新右衛門には過去の罪を懺悔し、十七日の別時念仏を命じた。やがてみよは本復《ほんぷく》したというものである。よしが死亡したのが天和二年（一六八二）、みよに取り付いたのが貞享二年であるから、四代直重の時代である。しかし、妻は延宝《えんぽう》二年（一六七四）に亡くなっている。

祐天の事績を集めた『祐天大僧正利益記』は同時代の祐天信奉者が書きとめたもので、それが文化年間（一八〇四―一八）に刊行されて今に残っているという。高野家の「家譜」には「女《むすめ》にやまいのことありしが、祐天大僧正芝山内におわせし時利益ありし故入道して仏道を帰依《きえ》す」とあるだけだが、「家譜下書」には、よしの没年月日と法名を記し、浅草寿松院に葬ったこと、貞享二年に祐天上人の導きで花岳院に石塔を建てたこと、さらに法事供養は家族と同じに執行すべきことと記されている。高野家として忘れてはならない教訓として伝えられていたのだろうか。なお、五代直治も正妻との間に三人、妾腹に六人の子がいた。

『祐天大僧正利益記』は祐天の修法の効験を示すためのものであるから当然とはいえ、新右衛門の下女に対する行為への非難という点は薄れ、社会的地位のある高野新右衛門が罪を悔い改め、仏道に帰依した行為を仏の利益として広める話となっている。直重は貞享四年、剃髪して宗恩と名乗った。

名主のしごと

名主の任命

元禄《げんろく》二年（一六八九）十二月、名主が不在だった南塗師《ぬし》町・南鞘町は、宗恩（南伝馬《みなみてんま》町二丁目名主高野新右衛門直重）の支配を受けるよう町奉行から申し渡された。それを受けて、南塗師町家持《いえもち》（家主《やぬし》）全員は町年寄《まちどしより》あてに、自分たちはもちろんのこと、借屋・店借《たながり》・地借《じがり》まで、ご法度《はっと》・御触《おふれ》など諸事名主の命に従うことを誓約する書面を提出した。これには、名主宗恩も、念を入れて支配するという文面を添えている。同時に高野の支配を受けるようになった南鞘町の場合も、同じ書面を提出している。これは支配付証文と呼ばれている。この数年後に、御船手向井将監《おふなてむかいしょうげん》の屋敷跡を呉服師八人が拝領して、新しく坂本町が誕生したときには、誰を名主にするか、町名をどうするかの意見を町年寄から聞かれ、町の意向に沿って名主は本材木町名主の多田内新助に決まり、支配付証文が提出された。南塗師・南鞘町の場合も意見が求められていたのだろうか。

名主に任期はない。名主の交代は不都合があって罷免《ひめん》されるか、退役を願い出るかである。名主交代の手続きは、まず本人から町年寄あてに退役願を提出し、家主も連印する。同時に支配町々の家主一同から跡名主願を、跡役のものも連署して提出する。草分《くさわけ》名主の場合は、本人より退役願と一緒に、倅《せがれ》への跡役を願い出るが支配する町の家主も連印する。これを受けて町年寄役所で調査・検討し、町奉行に上申書を提出、町奉行所では担当与力《よりき》が検討し、結果を町奉行に提出、町奉行は同役の同意を得て決定、町年寄から退役の承認と跡役任命が申し渡される。あらためて、町中連署して名主の支配を受けること、名主も諸事念を入れて勤めることを、町年寄あてに誓約する文書を提出する。実態が世襲であっても、このような手続きを経て、名主は任命されていた。町からの申請という形をとりながら、一連の経過は、あくまで奉行所が決定権を持つことを確認していく過程である。家主を末端とする町方支配機構が十七世紀末には仕上がっていたことが、一連の手続きからわかる。

家主の誓約

町年寄あての支配付証文とともに、南塗師・南鞘町の町中一同は、名主あてに一二項目に及ぶ誓約書を提出した。

① 自分たちの町内の名主が貴殿に命じられた、ついては御公儀や名主から命じられたことに違反せず、銘々の家主はもちろん、借家・店借・召仕《めしつかい》などにも法令を守らせる。
② 火の用心には念を入れて気をつけ、出火した場合はすぐ駆けつけて消火する。
③ 借家・店借・召仕にいたるまで寺請状をとる。
④ 博打《ばくち》や勝負ごとは家主はもちろんのこと、借家・店借・召仕にもいっさいさせない。
⑤ 遊女のたぐいは絶対に置かない。
⑥ 月行事《がちぎょうじ》交代のときは名主に届ける。
⑦ 毎月人別証文を提出し、そこに記載したもの以外、一晩といえども宿泊させない。店替えがあればすぐに届ける。
⑧ 浪人ものの移動はすぐ名主へ申し出て町年寄へ届け出る。
⑨ 鉄炮所持のものは町年寄へ届け出た通りである。今後の異同は名主へ申し出て町年寄へ届け出る。

⑩　町内のことは何事によらず名主へ知らせ、指図に従い、わがままな行動はしない。
⑪　公事訴訟にかかわることは必ず名主に断り、その指図を受ける。その時は家主はもちろん、五人組も出頭する。
⑫　家守《やもり》交代のとき、地主は五人組に相談し五人組が検討し差し支えなければ五人組同道で名主へ届ける。

文面は家持（地主）の誓約のように読めるが、署名しているのは家主（居付地主《いつきじぬし》と家守）である。これは家主の果たすべき職務を名主に誓約したものだが、どの項目も、実際に町方支配の末端を担わされているのは家主であることを物語っている。元禄四年（一六九一）に同じく高野の支配を受けるようになった松川町一・二丁目、元禄十二年（一六九九）、坂本町の町中が名主に提出した文面とほぼ同じである。さらに、安永《あんえい》五年（一七七六）、江戸橋広小路の土手蔵が多田内新助の支配を受けたときも、同じ文面を作成している。

「見立て」とも違って、「支配付」という新しい支配形態をとるにあたって、明文化した合意が必要とされたのであろう。町年寄役所から案文が示されている可能性もある。名主と町居住者との関係を明文化することによって、町奉行―町年寄―名主―家主―店借という町方支配機構の強化を図ったのがこの時期である。

支配付にあたって、家主たちが名主に提出した誓約書の第一項は法令を守ることであった。町奉行所から町々に発せられた法令は町触《まちぶれ》と総称された。町触は町年寄役所を通じて伝達されたが、現在残されている「町触集」は、いずれも正保五年（慶安元年、一六四八）からで、このころから町触という様式が整ってきたとも考えられる。町触は町年寄役所において、名主または月行事に申渡す形をとっている。初期には町触もそう多くはないにしても、赤坂や市谷から出張っていくのは容易ではない。十七世紀半ばの町年寄役所の史料に、「ふれながし」の語もあるので、回状形式がなかったとはいえない。伝達経路として、南・北・中の小口（名主番組成立後は南北二口）が決められたのは寛文年間（一六六一―七三）だとされる。

触の伝達・徹底

町触で「町中連判」と指示されたものについては「町中連判帳」が作成され、名主も連印し町年寄役所に届けられる。これらは当初は町単位に、のちに名主支配単位に作成された。作成の責任は名主にあり、触の徹底は名主の職務の一つである。次第に町中連判が求められる事項は減っているが、寛政改革のときまで続けられる。

町触の文面ではあまり見られないが「店衆連判」も作成される。「高野家文書」には、高野家支配町々の「町中連判帳」「店衆連判」などを書き留めたものがある。この店衆は高野家所有地の地借・店借のことである。店衆が御触を受けて連判したのは、日々の暮らしに深く関わることであった。博打や賭け事をしないこと、奉公などの請け人になるときは、たしかな保証人をとること、無法者を同居させないこと、出替わりの時期が過ぎた武家奉公人を住まわせないこと、人ごみのところで花火を上げないこと、ごみを放置しないこと、夜間に煮売り商売をしないこと、遊女を抱えおかないこと、無札で日用稼ぎをしないこと、耶蘇《やそ》宗門《しゅうもん》摘発、古秤を使わないこと、火事のときの心得など、御触全般にわたっている。博打・遊女・切支丹《きりしたん》は重点的に取り締まりの対象になったもので、そのために店五人組・店十人組が作られている。「店連判帳」のもととなる触に「店連判」を義務付けた文面はないが、おおむね地借・店借へ徹底することが強調されている触について作成されている。煩雑なことがどこまで可能だったのか。少なくともこの時期、高野家支配の町々では、「店連判帳」が作成されていた。

土地の売買と相続

先に、町は名主の指導性のもとに成立したのではないかと述べたが（五九ページ）、初期の町触に登場する名主の役割はどこか不鮮明である。土地の売買・相続についても名主の保証は必要とされていない。寛永十年（一六三三）八月、「町人跡職の事、存命のうち、五人組に断り、町の年寄三人の所にて帳に付け置くべきこと、但しその子が不届き者の場合は断ってよい、末期《まつご》の筋違いの遺言は取り上げるべきではない」（『御当家令条』三四）としている。この「町の年寄三人」は町年寄のことであろう。ここには名主の語はない。

下って、慶安《けいあん》元年（一六四八）の触では、「生きているうちに遺言状を作成し、親類・名主・五人組・月行事立会い、町年寄三人の帳に記載しておくこと」（『御触書寛保集成』四四）とした。二項目目では、病気なのに遺言状を書こうとしないものには遺言状を書かせること、遺言状の執行を親類・名主・五人組にゆだね、臨終の場での筋目違いの遺言を認めないこと、さらに町年寄の帳への記載を怠り、訴訟となった場合は親類・名主・五人組に過料を課すとしている。十八世紀になってからの史料だが、家守に譲るという遺言状を名主が受け取らず、親類のものに譲られることになった例がある。

売買について確認できるのは慶安四年二月の町触が最初で、家屋敷売買はその町の名主・五人組加判で行うこと、たとえ借金でも沽券《こけん》状が作成されていれば公事《くじ》として取り上げる、というものである。明暦《めいれき》二年（一六五六）、名主のいない町々は適役のものを見立てて申し出るように、名主役を迷惑がって受け手がない場合は一年交代でもよいから名主を置くようにと触れ出している。その理由として、名主のいない町にはにせの土地売券が多く、遺言状にも不正が多いことを上げ、土地の相続や売買における名主の役割が重視されている。

すでに指摘されていることだが、寛永期ごろまでの沽券状（売買証文）には名主の名前がない例が多い。伊勢町の寛永十九年の沽券状は買手に対し売主のみが署名し、五人組・町の肝煎《きもいり》衆の手形、町奉行二人の状を添えるとある。同じ伊勢町寛永二十一年の沽券状は名主も連印している。寛永十九年の沽券状を重視すれば、当初は総町レベルの保証であったのが、土地取引の活発化に伴い、個別町レベルでの保証へと変化していったことになる。

人別改め

江戸でもキリスト教信仰者に対する摘発はきびしく、告発を奨励する触が出されているが、宗門改めを町に課したのは万治《まんじ》二年（一六五九）以降である。これは幕令を受けてのもので、町住民は寺から手形を発行してもらい、家持・家守の手形は名主、店借の手形は家守が預かる、名主・月行事・五人組が立ち会って宗門を吟味し、不審なものがいれば町奉行所に届け出るようにというものである。万一、あとになって摘発を受けるようなことがあれば、本人はもちろんのこと、名主・月行事・五人組ともに罰せられることになった。その後、同じように摘発が義務付けられた隠売女やいたずら者取締りと合わせて三か条証文として、提出された。

一方、「人別帳《にんべつちょう》」という言葉が町触に最初に出てくるのは天和《てんな》二年（一六八二）である。これは「人別帳」を作成して、不審なものが町内にいないことを確認するというものである。家持・家主の五人組、店五人組、辻番、髪結、非人それぞれ相改め、不審者のいないことを町年寄あてに町中連判によって報告をする。名主・五人組・家主に求められたのは、戸籍としての人別帳の作成ではなく、いたずら者を町内に置かないための確認作業であった。

高野家の「貞 享《じょうきょう》四年（一六八七）正月改め人別帳のうち家内人数」という記録があって、家族四人・召使二一人の名前・生国・宗旨などが記されているので、南伝馬町二丁目では、のちの人別帳に類したものが作成されていたのかもしれない。町名不詳で宗旨の記載のない断簡も残されているので、統一した人別調査は行われなかったといえよう。

享保《きょうほう》六年（一七二一）、全国の人口調査の一環として人別帳の作成が命じられる。しかし、奉行所に提出を義務付けられたのは人数だけであり、人別帳の雛形は作られなかった。しかし金銭出入りなどで本人確認が必要となり、人別帳が必要とされたが、現実にはその要望にこたえられなかった。宗旨・生国・年齢などの書き込まれた人別帳が統一して作られるようになるのは、十八世紀末ぎりぎりの寛政八年（一七九六）である。江戸には「宗旨人別

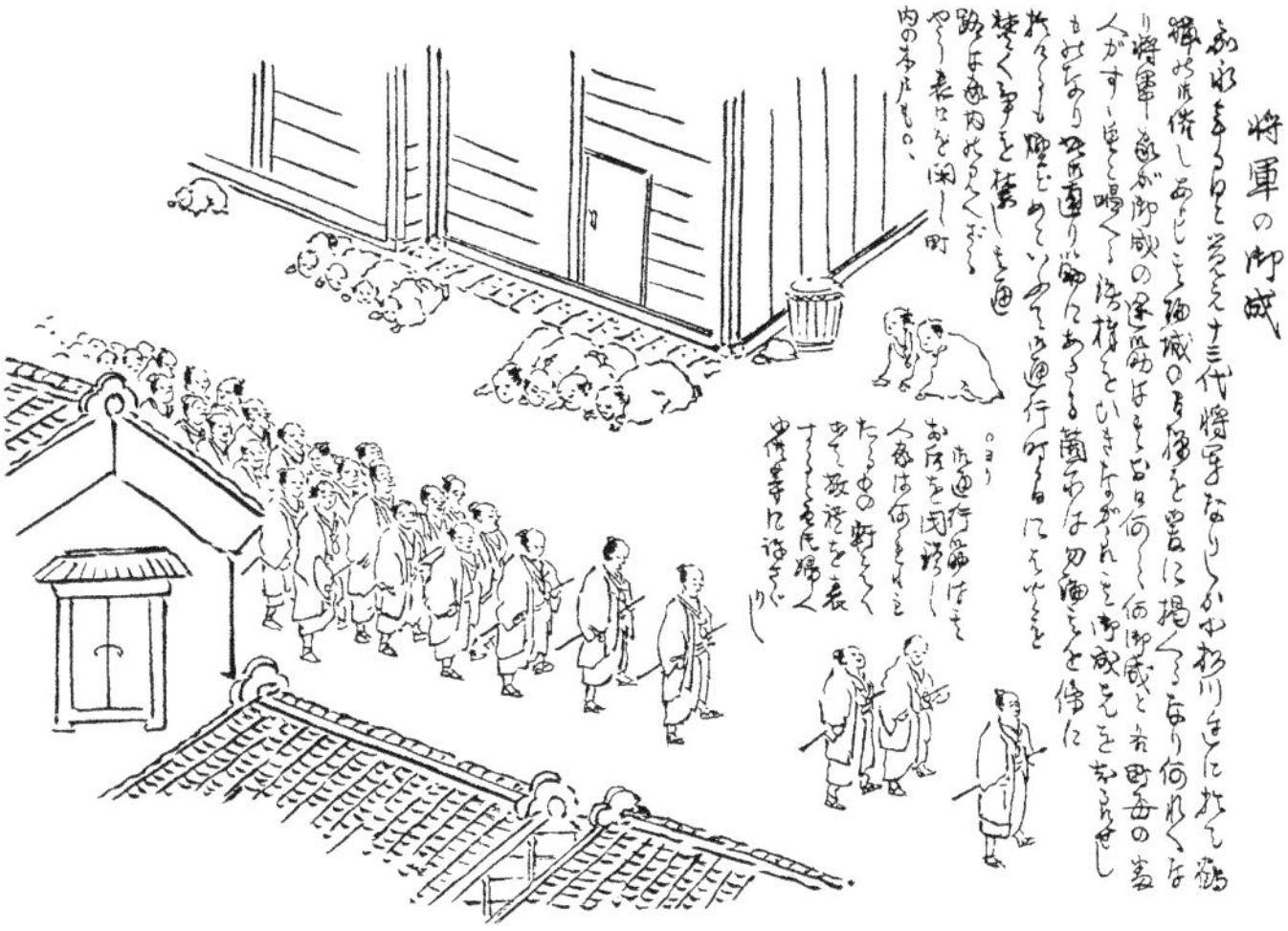

図11　13代将軍徳川家定の御成り（小松川への鶴猟，『実見画録』より）

帳」は作成されなかったというが、「人別帳」には檀那寺《だんなでら》を記入することになっていた。

町奉行所への出頭

名主の重要な仕事の一つは儀礼である。江戸城への年頭参賀、御能拝見は古《こ》町《ちょう》の特権であった。町奉行所へは年始、月並み御礼（一日と十五日）、五節句、奉行交代、奉行の個人的な祝儀・不祝儀など、ご挨拶に参上しなければならなかった。これはかなり大変なことであった。年頭御礼は記帳だけにしたいと申し出ているくらいである。

また、将軍や後継者などの御成りのときは、道路整備や掃除をし、前の晩から自身番屋《じしんばんや》に詰め、水溜桶を並べ、火の用心に心がけ、喧嘩口論を取り締まり、木戸を固めておかなければならなかった。特に、出歩くのが好きだった徳川綱吉の時代は頻繁であった。元禄七年（一六九四）を例にとると、将軍御成りは、寺社では上野寛永寺へ五回、増上寺へ二回、山王社《さんのう》・智足院・金地院《こんちいん》・護国寺へ各一回、聖堂へ二回、白山御殿へ一回、大名邸では柳沢出羽守《でわ》へ三回、本庄因幡守《いなば》へ二回、大久保加賀・阿部豊後《ぶんご》・戸田山城・土屋相模・牧野備前邸へそれぞれ一回の御成りが触れだされている。綱吉の生母桂昌院も護国寺へ二回、増上寺・智足院、光岳院へ一回出かけている。通り道の町々の名主は気の抜けないことであった。

言上帳に見る名主の役割

南伝《てん》馬《ま》町三町は、御伝馬役に割り与えられた町である。しかし、住民の入れ替わりは激しく、十七世紀も末になると、かなりの変貌を遂げていたと思われる。

元禄期の住民

〔地主〕

宝永《ほうえい》七年（一七一〇）の「沽券《こけん》絵図」によると、表通りの南伝馬町三町（通三丁目代地・南伝馬町三丁目新道をふくむ）六一筆のうち居付地主《いつきじぬし》（自己の所有地に住んでいる人、家持《いえもち》）が住むのは一二筆である。名主は開町以来の位置と広さを維持しているが、居付地主のうちの何人が開町以来の住民であろうか。

横通りの町々では、表通りより居付地主の割合は高い。南鞘町は一八筆中六筆、南塗師《ぬし》町は一七筆中四筆、松川町は一四筆中三筆が居付である。

地主の居住地は日本橋・京橋だけでなく、麹町《こうじまち》・浅草・本所《ほんじょ》・深川と広がり、京都など他国のものも四名いる。

高野家に残されている証文類から類推すると、十七世紀半ばには、御用絵師や医者、武家や女中衆の拝領地や所持地が多かったが、御為替《おかわせ》方の三谷三九郎・三井三郎右衛門・和泉屋三右衛門などが取って代わった。拝領地には制約もあったので、地主の変更により、商業地として有効に作用したのではないだろうか。

〔職業〕

十七世紀末の、地誌であり買い物案内の要素も持つ『国花万葉記』は、日本橋から京橋へかけての表通りには、小間物呉服類・蚊帳《かや》・墨筆・扇子・御簾《みす》・指物《さしもの》・紙・薬種・蠟《ろう》燭《そく》・合羽《かっぱ》・鏡・葛籠《つづら》・籠・絵具・刷毛《はけ》・玉細工など、さまざまな商品を売る店が軒を連ねている様子を記している。

高野新右衛門家の「日記言上《ごんじょう》之控」は元禄《げんろく》十三年（一七〇〇）から正徳《しょうとく》二年（一七一二）まで、高野家支配の町々、南伝馬町二丁目・南鞘町・南塗師町・松川町一・二丁目・

通三丁目代地の六か町に起きたさまざまな事件の記録である。吉田伸之氏の集計によると、事件を訴え出た人の職業は、職人が二〇種一六四人、問屋と市場が六種一五人、諸商人が二九種六〇人、日用《ひよう》層が六種三四人、その他一〇種二五人、計七一種二九八人となる。住民の職業構成をそのまま反映しているとはいえないが、どのような人びとが暮らしていたのか手がかりとなる。

ここに現れてはこないが、事件のもう一方の当事者であり、住民の大半を占めていたと思われるのが武家方・町方の奉公人である。事例で最も多いのが欠落《かけおち》であるが、その大半は奉公人である。人宿《ひとやど》が訴えるのは寄子《よりこ》の出奔である。奉公人が引き起こすのは欠落だけではない。喧嘩や盗みの主人公でもある。

住民の一人ひとりが名前を持って登場してくる史料はめったにない。しかし、残念なことに、人口の総数は不明である。一番近いところで、享保《きょうほう》十一年（一七二六）、南鞘町・南塗師町・松川町一・二丁目の四町で男一五九八人、女七二四人、享保十三年、南伝馬町（三町分）男二〇四九人、女八九四人というデータがある。元禄期より増えていると思われる。まだ女性の数が少なく、しかしかなりの過密状況であったことがわかる。

かけおち

「日記言上之控」は、高野家支配の町々で起きた事件を記録したものだが、名主たちが奉行所へ具申した意見や、御触なども含まれている。項目数は九二八件、その大半は、項目の末尾に「三御帳に記載した」とあるように、町奉行所の「言上帳」（当時は町奉行所が三か所にあった）に記載したものの控である。「言上帳」に記載するということは、町で発生した事件を単に届け出るというだけでなく、「言上帳」に記載することによって公認されるという機能を持っていた。久離《きゅうり》・勘当《かんどう》など（のちには独立した帳面になる）記帳されてはじめて有効となるのである。

中でも多いのが欠落事件で、半数を超えている。当時、断りなく出奔してしまうことを、かけおち―欠落といった。許されない仲の男女が出奔する駆け落ちより広い内容を持っている。不斗出《ふとで》といって、理由もなくどこかへ消えてしまったもの、犯罪に関わって逃亡したもの、借金を踏み倒していなくなってしまったものなどである。中には伊勢参りに行っていましたといって、けろっと帰ってくるものもいた。

宝永五年（一七〇八）の欠落人五三名のうち三七名が奉公人である。松川町二丁目の店借清兵衛は二二歳の新八を五年期、給金二両前貸しで雇い入れたところ、三日目に三両三分を盗んで欠落してしまった。ひどいのになると、前渡し金を貰って、一日も勤めずに逐《ちく》電《てん》してしまったものもいる。一方、一〇年期の約束で働き、無事勤め上げ、引き続き一年期で働く約束のところ、金一両三分と衣類を盗んでいなくなった例もある。

奉公人が給金を踏み倒したり、持ち逃げしたりして、主人方にかけた損害は、奉公人の受け人が責任を負う仕組みであった。受け人が負担し切れなかったり、受け人も欠落してしまった場合は、受け人の家主が負担したが、返済能力がない場合は、債権者である主人のほうも損金を負うことになった。欠落人があまりに不埒《ふらち》な場合には、死罪・流罪にするというのが法の文面であるが、不思議なほどその追及はきびしくない。

店借の欠落もある。一家そろって、母を残して、妻を置いて出奔してしまう。店を借りられないほど貧窮に迫られている場合もあったであろう。店借に借金などがなく、お尋ね者でもなければ家主《やぬし》からの届けと遺留品の始末だけで終わる。遺留品はその町で「諸道具目録」を作成し、町年寄の欠所蔵へ納めた。宝永二年からは欠所・所払いとなった。家財目録を書き上げたあと一か月ほどして入札の措置がとられた。入札は町触《まちぶれ》で周知された。安値のときは再度入札に付されるようになった。

欠落人の遺留品処分の一連の手続きには名主が連署しているが、欠落者の届け出に名主は連署していない。主人方との損金の交渉、欠落ものの探索など実際に動くのは家主である。享保九年（一七二四）になり、町々の反対を押し切って、久離や欠落人の届けに名主の連署が必要とされるようになった。

裁　判

奉公人の持ち逃げや盗みなど、その多くは内済《ないさい》（示談）で解決したが、訴訟に持ちこまれることもあった。

宝永七年（一七一〇）閏八月訴訟になった一件である。南鞘町店借の鳶職《とびしょく》半介が請人《うけにん》になり、源兵衛を三十間堀一丁目の米屋に奉公させた。五年前のことで、八年季で前給金一両二分を受け取った。ところが一六両二分余の使い込みをして半介のところへ帰され、主人方より訴訟が起こされてしまった。請人半介は奉行所より呼び出され、一〇日以内の返済を命じられた。しかし源兵衛は欠落、一〇日の期限で源兵衛を探し出すように命じられた。お金のほうは一一両三分で主人方との示談が成立したが、源兵衛探索は免除されなかった。翌年四月、長い間源兵衛を探し出せないのは不埒だとして、半介は手錠をかけられてしまった。半介の家主・五人組は三日ごとに半介の様子を報告しなければならなかった。半介の手錠がはずされ、源兵衛探索が永尋《ながたずね》になったのは二〇日以上経ってからであった。

この一件で呼び出されているのは、当事者の源兵衛、請人半介、その家主甚右衛門、その五人組であって、名主は呼び出されていない。法令上は、家持の場合は名主・五人組、店借の場合は家主・五人組が同道することになっている。名主の出頭をうながす法令が再三出されているので、名主が出頭しないことが多かったのかもしれない。

欠落奉公人の債務返済を担わなければならない請人や家主の窮状を緩和するため、宝永七年人宿組合が結成された。不正防止・債務返済を共同で行わせようとしたのである。このとき、人宿がある町の名主を呼び集め、協力を求めている。名主の斡旋能力、統制力に期待したのである。

捨て子

捨て子は一二年間に一五件あった。元禄十四年（一七〇一）には一年で四件あった。まだ生類憐《しょうるいあわ》れみの令が生きている時代、捨て子は丁重に扱われた。届出や事後処理に名主自ら奉行所に出向き、奉行も直接面会している。

元禄十六年正月、通三丁目代地伊兵衛家の前に零歳の女の子が捨てられているのが発見された。通三丁目代地の月行事から連絡を受けた名主新右衛門は、伊兵衛と五人組と同道して奉行所へ届け出た。奉行は直接面会し、念を入れて養育するようにと言葉をかけられた。この子はまもなく具合が悪くなり、医者にもかけたが、その日の暮れ方死んでしまった。

宝永七年（一七一〇）五月、南塗師町に捨てられていた男の子は、生後二、四か月、白の木綿の袷《あわせ》、白帷子《しろかたびら》を着せ、つぎはぎの古着物にくるまれていた。名主も早速出向き、子どもを乳の出るところへ預け、夜明けとともに奉行所へ届け出た。この場合も奉行から直接言葉をかけられている。この子は、実子を亡くし、まだ乳のでる指物屋夫婦に貰われていった。養子先の決まったとき、また養子先で子どもが死亡したときなども、関係者に名主が同道して届けをしている。

行き倒れ

宝永元年（一七〇四）十二月、南伝馬町二丁目と南鍛冶町との堺の下水へ、町人風の男が倒れこんで死亡しているのを、鍛冶町辻番人が知らせてきた。このように二か町の辻や堺に行き倒れている場合、両方の名主が出張って調査をした。奉行所から検使があり、三日晒したが身元は判明せず、町の取り計らいで回向院《えこういん》下屋敷（小塚原）へ葬った。

宝永三年正月、南伝馬町二丁目藤兵衛家前に三四、五歳の男が行き倒れていた。薬など与えて聞き出すと、元赤坂町市兵衛の寄子作兵衛だという。市兵衛に問い合わせると、作兵衛が不始末をしたので身元保証人の清兵衛のもとへ帰したところ、そこを出奔して行き倒れたということが分かった。そのうち作兵衛は死亡、身元保証人である清兵衛に引き渡された。一連の手続きに名主は立ち会わず、家主・五人組・月行事が処理をしているが、回向院に引き渡すにあたっては、名主が印を押した証文を渡す必要があった。

自害

宝永二年（一七〇五）閏四月、南塗師町店借大工長兵衛のところに居候していた小出権内という浪人が喉をついて死亡していた。長兵衛は家主に知らせ、五人組・名主立会い見分、奉行所に検使を願い出た。状況から自害と判断され、死骸は長兵衛の檀那寺《だんなでら》へ葬られることになった。正常な死亡ではなかったので、家主・五人組・名主が連印した証文を寺へ提出した。所持品は大小二腰・脇差一腰・麻裃《あさかみしも》一・袷《あわせ》羽織二・帯二・小袖三・縞袴《しまのはかま》二・挟箱《はさみばこ》・葛籠《つづら》などであった。

元禄十五年（一七〇二）十二月、南鞘町店借清兵衛女房の弟源兵衛が自害したときも、家主・五人組・名主が立会い検使願いを提出している。源兵衛は命をとりとめ、清兵衛のもとで傷を治した後、非人善七に引き渡された。源兵衛はすでに清兵衛より縁を切られていたのである。このように変死者の見分に名主は立会っている。

犯罪

宝永二年（一七〇五）九月十一日、高野新右衛門支配の町で火盗《かとう》改（火付盗賊改）による二つの捕り物があった。この日夕方七時ごろ、南塗師町店借大工善右衛門が捕らえられ、本郷の非人小屋へ引き渡された。善右衛門の母と弟、弟子二人は家主に預けられ、五人組・名主加判の預り証文を提出した。十月二十四日になり、家主・五人組・名主が呼び出され、たびたび盗みをした罪により死罪を命じられたことが告げられた。諸道具は母の生活に配慮し、母に下げ渡されることになった。二十九日、母・家主・五人組に名主（煩《わずら》いのため代人）も同道して奉行所へお礼に参上した。

もう一件は松川町一丁目店借大工徳左衛門の婿七兵衛の件である。容疑の内容はわからない。南塗師町の逮捕に続き徳左衛門方に出向くと、七兵衛が二階に隠れているのに、七兵衛の女房は夫は縁切状を渡してどこかへ行ってしまったと申し立て、徳左衛門の女房は二階へ上がろうとする捕り方の梯子《はしご》をはずして捕り方が落下するという妨害に及んだ。その間に七兵衛は逃亡、徳左衛門女房は縄をかけられ、徳左衛門・七兵衛女房とともに家主に預けられ、名主連印の証文を提出した。翌日より詮議が始まり、徳左衛門女房は牢舎、徳左衛門と七兵衛女房には七兵衛の探索が命じられた。しかし七兵衛の行方はわからず、徳左衛門に手錠がかけられ、三日に一度ずつ報告するよう命じられた。十月八日、徳左衛門女房の牢舎は赦免、同十九日徳左衛門の手錠赦免、引き続きの探索を命じられた。その後の経過がわかる記述はない。七兵衛は逃げおおせたのであろうか。

魚釣り

宝永五年（一七〇八）七月、町奉行所より南伝馬町二丁目店借研屋《とぎや》彦八郎に呼び出しがあった。家主・五人組同道で彦八郎が出頭すると、彦八郎の手間取り職人勘七が病気休養中にお堀で魚釣りをし、逮捕され牢に入れられてしまったという。彦八郎は関係なしとしてお構えなし、勘七は牢舎、身元保証人である兄勘兵衛は町預けとなった。

火付け

火付けは重罪である。宝永二年（一七〇五）三月、松川町二丁目店借屋根屋吉兵衛の家の二階の外側一尺ほど、屋根一尺四方、隣家の屋根少々が焼ける火事があった。大事にはならずお役人方の出動もなかったが、町奉行所・火盗改双方へ家主・五人組・名主連名で検使願いを提出した。状況から放火と判断され詮議が始まった。取調べを受けたのは、吉兵衛の家族・奉公人など三二人にも上った。名主・家主・五人組も調書をとられた。町奉行所・火盗改の調査が続けられるのと併行して、名主も関係者を呼び出し、「内吟味《うちぎんみ》」をしている。結局奉公人の又助が白状して落着した。

又助は八王子領大柳村百姓の倅《せがれ》、一〇年前から奉公しているが、仕事も教えてくれないし、小遣いもくれないなど同僚とは差別された処遇を恨んでのものであった。この間、放火ではなく、手過ちにして事を処理しようとした家主代が手錠をかけられるといったこともあった。犯人がわかってから火盗改へお礼に参上した名主たちに、町奉行は直接面会している。又助は閏四月の末に火罪に処せられた。

享保になってからだが、火付けを手過ちとして処理しようとした名主が牢舎を命じられている。

博　打

元禄十五年（一七〇二）九月、博奕改奉行より松川町一丁目店借つきの五郎兵衛とその家主・五人組ともに出頭するよう命じられた。出頭したところ、詮議の筋ありということで五郎兵衛は牢舎、家族は家主預けを命じられ、五人組・名主連印の預り証文を提出した。五郎兵衛は牢内で煩い町預けとなった。その後五郎兵衛は白状し、江戸一〇里四方、京・大坂・大津・東海道・日光海道・長崎からの追放が命じられた。家族・家財は店請人に引き渡された。

宝永三年（一七〇六）正月、松川町二丁目店借飴《あめ》売り市左衛門は深川永代寺門前で飴宝《ほう》引《びき》をしていて能登守組（町奉行）のものに摘発された。知らせを受けて家主・五人組が奉行所へ出頭し、市左衛門を引き取り、家主預けとなった。翌日手鎖をかけられ、三日に一度ずつ報告を命じられた。三月、所払いとなったが、奉行所への届けには家主・五人組・名主が連署した。

事件のすべてではないにしても、名主が関わらなければならない事項は多々あったのである。

町の統制と名主の重視

諸届けと名主

十八世紀に入ると、町内居住者の統制に果たす名主の役割を重視する動きが出てくる。名主番組編成の前年、享保《きょうほう》六年（一七二一）、町奉行大《おお》岡越前守《おかえちぜんのかみ》は、町火消一組当たり五、六人の家主《やぬし》を呼び集めた。名主は出るに及ばずということであった。申し渡されたのは、訴訟・諸願にあたって、名主の加印のないものは取り上げない、名主限《かぎ》りで解決しなければならない軽微なことに名主が加印して出願してきたときは差し戻す、依怙贔屓《えこひいき》したり不当に謝礼を受け取る名主がいたら訴え出るようにということであった。名主の意向にかまわず「町人」だけ集まって、回答をするよう求められた。家主たちは「何事も仰せ付けの通り」と回答した。しかし、その後年番《ねんばん》名主へ諮問したところ、いちいち加印していたのでは差し支えると合意を得られず従来通りとなった。

この問題はこれで終わらなかった。享保九年、久離《きゅうり》・勘当《かんどう》・欠落《かけおち》帳への帳付け、帳消しに名主の加印が求められた。諮問された年番名主は、日々のことで煩雑になると再三反対したが聞き入れられず、翌年より久離・勘当・欠落の届けに名主は加印し、出願者とともに出頭することになった。

それでも名主が出頭に同道しなければならないのは、家督《かとく》願・道橋普請《ふしん》・自身番屋《じしんばんや》・床番屋《とこばんや》のこと・捨子・紛失物の触《ふれ》などであって、家質《かじち》金出入り・預け金出入り・奉公人給金出入り・売り掛け出入り・店立て地立て・牢舎手錠御免・喧嘩口論出入りなどの場合は、名主が出頭する必要はなかった。元文《げんぶん》二年（一七三七）に明文化されたものが寛政改革のとき再確認された。

町触を周知させる手立てもこの時期強化されている。享保五年には重要なものは木札に記し、木戸や名主の家の入り口などに張り出して置くようにと命じ、享保十七年には、内容に関わらず、家主ごとに店連判を集め、名主に提出するように命じた。名主たちは店衆連判をとるのは煩雑で負担になるとして、触の内容と口数のみを家主から名主へ提出することで折り合いがついた。その後、再確認の触が出されるが、寛政三年（一七九一）、町

▶図12　町触の読み聞かせ（『藤岡屋日記』第三十七より）

◀図13　自身番屋に張り出された町触（同より）

法改正の作業の中で、町入用削減を理由に廃止された。手間がかかる割には効果がなかったのであろう。

名主惣寄合

享保七年（一七二二）の名主番組結成以前にも名主の惣寄合《そうよりあい》が開かれていた。十八世紀前半には、「惣町中名主」として、町奉行所の諮問に応えたり、意見の具申をしばしば行っているが、これは名主惣寄合で検討したうえでのことである。

正徳《しょうとく》五年（一七一五）二月十一日の記事は名主惣寄合を知る手がかりを与えてくれる。この日、例年のように惣名主の寄合を開いた。会場は浅草藤屋、会費は三五〇文であった。このとき検討された議題の一つは、新しく町奉行支配となった町々のことであった。これまで町奉行支配の地域では名主の年番を決め、御触の伝達や申し合わせをしてきた、町奉行の支配も受けるようになった代官支配の町々も年番組を作るのが望ましい、とりあえずは触れ流しのため窓口となる最寄の組合を決めるというものである。

町中惣名主の意見を集約する機関として惣寄合・年番があったのである。享保二年には、一年に二度会合を開いているが、出席が悪く、また代人を出すものが多いので事が決まらないと、機能の低下を憂いている。このときの議題は火の元取締りのことであったが、

「組合ごとに相談」のうえ、惣寄合で決定したと記している。

名主の調整機能

十八世紀の前半には、「惣町中名主」による、町政に関する意見の上申や、諮問への答申が行われている。最初に確認できるのは、元禄十四年（一七〇一）である。九月、米価を引き下げるために、町中に禁酒令を出すこと、武家方への売り掛け出入りは取り上げてもらえないので困っているというものである（『日記言上之控』）。町奉行は、もっともな訴えであると受け、翌月には酒提供の制限、売掛金出入り取り上げの町触が出ている。

元禄十五年五月の御畳人足請負人交代の件では、内寄合《ないよりあい》に呼ばれ、再度町奉行の見解が述べられ、奉行所側の意向を通した町触が出された。享保四年（一七一九）、新金銀通用に伴う地代店賃について、名主の側は、金立ての場合従来の五割増を主張したが入れられず、新金でも、従来の額面通り金一分は一分として徴収することになった。

名主惣寄合は諮問に応えるだけでなく、政策的な提言も行っている。正徳三年（一七一三）六月、惣町中名主が米をはじめ物価が上がって暮らしにくくなっているので、その対策として、粥食《かゆしょく》を奨励すること、仙台米の一部を市中に払い下げること、大名の年貢米上納は江戸市中から買い上げず国許《くにもと》から運び入れること、囲《かこ》い米《まい》の摘発などの対策を取ることを願い出ている。

十二月には、町々名主惣寄合のうえ相談書として、少し前に名主に申し渡された出入りの処理の仕方についての意見を町奉行所に提出した。奉公人や店借が負債を清算しないまま欠落する例はあとを絶たなかった。そこへ付け込んで、取立てを口実に金銭を掠め取るものもまたあとを絶たなかった。名主の意見は、それぞれの名主が相互に連絡を取り合うこと、負債は原則として本人が返済すること、主人である武家方が、欠落奉公人の家主や名主を呼びつけ、返済できなければ帰さないなどということはやめてほしいというものである。この訴えを受け付けた丹羽遠江《とおとうみ》守はもっともであるとし、次回の内寄合を待つようにと返答した。

翌年四月にも惣寄合を開き、米価高値、武家方奉公人出入りの処理、金銭出入りについて出願することになった。このときも次回の内寄合へ出席するよう命じられた。内寄合は、町年寄を含めた町奉行の合議機関とされているが、名主を通じて町の実情や意向を町奉行へ伝える場ともなっていたのである。

正徳五年二月の惣寄合では、新しく町奉行支配に組み入れられた町々のこと以外にも検討された。畳蔵御用人足請負人・御納戸《なんど》御用人足請負人の任命と賃金を取り決めたことである。御用人足請負人の決定は、年に二回の名主寄合で決めているとしている。町々で勤めるべき御用人足は請負方式になっていること、惣町中の寄合で、賃金も含めて決定されていたことが分かる。その後も、火の用心、銭囲い込みの吟味など名主惣寄合のうえ意見を上げている。

米価高値についても何回か対策を要請している。正徳四年には、お救いを要請しているが、十一月のときには名主だけでなく、一町に五人ずつと割り当て、三番所に、波状的に訴願する行動を組んでいる。翌正徳五年にも、お払い米を要求して、町年寄役所三か所へ訴え、内寄合での吟味となった（『江戸町触集成』）。

また町触集「正宝録」には「訴答の部」があって、そこには享保四年から宝暦五年（一七五五）までの間に、町年寄から年番名主に対する八二件の諮問、回答が収録されている。内容は、質屋運上金の問題、出火駆け付け人足の請負、紙屑反古《ほご》買受、竜吐水《りゅうどすい》（ポンプ）購入の可否、両国橋渡銭などさまざまであるが、町年寄の諮問に応えるというもので、町政全般にわたって名主が意見上申するというものではない。奉公人の負債を誰が責任を持つのか、人足賃金をいくらにするかなどかなり重要な事柄で名主の意見を聞き、それを政策に反映させている。名主の行政能力がもっとも期待された時期といえる。

名主組合

享保七年（一七二二）四月、町年寄奈良屋市右衛門は、町奉行から、名主の人数が多く、不埒な行為をするものもいる、町入用の負担も大きいので、名主の死亡などで空席ができたら跡を任命せず、近隣の付け支配として、名主の人数を減らしていくという方針を示した。奈良屋は、草分名主といって代々引き継いでいる家もあり、そうでなくても倅または養子が引き継いでいくものと考えられている、一代切りとしたら、病身のものや、その家族の生活をどう保障するのか、不誠実なものが残って、そのものたちに多くの町を任せたら支障が出てしまう、名主が減っても役金の減少はあまり見込めない、したがって、これまで通り名主・町人の出願によって倅や養子が相続できるようにしたいと上申した。

奉行所から定かな返事もないまま、奈良屋は名主を呼び集め意見を聞いた。名主たちにとっては死活問題である。お互いに申し合わせて支障なく職務に励み、町入用の削減に努めるので、今まで通り跡役を認めてほしいと願い、町奉行の名主削減案は撤回された。名主たちが誓約した条項は次のような内容である。

① 御用向きに精を入れて取り組む。

② 名主役金は減少させる。

③　類焼後合力《ごうりき》を要求しない。
④　公事のとき余計な負担をかけない。
⑤　家質の礼金をとらない。
⑥　組ごとに二、三人の年番をおき、年一回寄合を持つ。
⑦　惣寄合の会料は自分持ちとする。
⑧　町内の収支はしっかり確認する。

というものである。ほとんどが金銭的な負担に関わるものである。名主たちが行政の担い手として位置付けられてきている一方で、抜けがたく存在する従来からの権威を背景にさまざまな金銭的要求がなされていたようである。連署した名主は二六三人、地域ごとに一番組から十七番組に組織された。

七月八日、名主が組合を結成し、たがいに申し合わせて不当な行為をしないと約束したことでもあり、名主跡役は従来通りとすると申渡があった。七月十八日、町奉行大岡越前守よりあらためて心を入れて勤めるよう申渡された。

「名主惣寄合」は、名主を統制する「名主組合」「惣組年番寄合」に再編制されたのだが、十八世紀前半の名主の市政参加の伝統は、享保十七・十八年の米価高騰に対する、名主を含めた再三にわたる訴願行動に引き継がれているように思える。

名主番組は、その後十七番組の本所・深川が分離し十八番組が生まれ、寺社領組み入れ後十九～二一番組が作られ、番外新吉原・品川を加えて二三組となった。新吉原がこの年番寄合に出席するようになったのは弘化四年（一八四七）になってからであった。

町奉行支配地の拡大

代官支配地の組み入れ

正徳《しょうとく》三年（一七一三）、市街地周辺に形成されていた代官支配地の町が町奉行支配も受けることになった。理由は、代官の果たすべき職務が多く、町々の支配まで手が及ばない、地方に関わることは代官が処理するが、町方仕置のことは町奉行の支配とするというものであった。代官・町奉行の両者の支配を受けることになったのである。ついで、範囲は深川・本所・浅草・小石川・牛込・市谷・四谷・赤坂・麻布辺、代官支配のうち町と名のつくところと指示された。

これまで代官の許可を得て町家を建て、また町の起立を許されてきた地域は周辺に広がっていた。寛文二年（一六六二）の組み込みは小規模なものであったが、正徳三年に組み入れられたところは本所・深川も含めて二五九町であった（『徳川十五代史』）。安永《あんえい》三年の『小間付町鑑』で年貢納入の町を拾ってみると二八七町あるので、ほぼ妥当な数であろう。

両支配の実態はこれまで明らかになっていなかったが、近年、深川を中心に解明が進められている。実務上のことでいえば、「町方仕置《しおき》」とされているように、裁判関係が大きかったと思われる。隣町の住人との係争であっても、支配が違えば、直接呼び出すわけには行かず、相手方の領主より差紙《さしがみ》を発行してもらい呼び出さなければならない。係争の内容も、地方とはまた違った難しさもある。深川を例にとれば、町奉行支配に組み込まれてのち、窃盗・博打《ばくち》・殺人など町奉行によって裁かれている。

年貢地の沽券地《こけんち》並ということは、売買が可能だということと、自由に家作を建てられるということである。町奉行支配を受けることによって、その煩雑さがなくなり、土地市場の拡大という結果をもたらした。代官支配地で町奉行の支配を受けることになった町々はすでに家作御免《かさくごめん》、町屋許可を得て、沽券地並みになっていたところで、実態に合わせた支配関係になったのである。

寺社奉行支配の町々

延享《えんきょう》二年（一七四五）もおしつまって、寺社方管轄の町屋は残らず町奉行支配とするという触《ふれ》が回された。翌年三月、寺社奉行からまわされたリストには、浅草・山谷・今戸《いまど》筋五七、下谷《したや》・坂本・谷中・池之端筋四〇、湯《ゆ》島《しま》・本郷・駒込・小石川《こいしかわ》筋六一、小日向《こひなた》・関口・市谷・牛込筋七九、四谷・鮫ヶ橋・赤坂・青山・麻布筋二七、麻布谷町・西久保・三田辺三七、白金《しろかね》・弐本榎・目黒・高輪・品川辺七五、本所《ほんじょ》・小梅・亀戸・猿江・深川辺二五、計四〇一か所が書き上げられている。大半は「何々寺（院）門前」とあるが、町名を立てているところもある。それらは駒込の伝通院《でんつういん》領、麟祥院《りんしょういん》領の町々、増上寺領の巣鴨町、下目黒町などである。

伝通院領・麟祥院領・増上寺領などの町々はすでに町奉行支配に入っていたところもある。たとえば、伝通院領は①慶長《けいちょう》十七年（一六一二）町起立を認められて明暦《めいれき》三年（一六五七）町奉行支配となったところ、②元和《げんな》九年（一六二三）伝通院領となり、明暦大火前に町屋許可、延享二年町奉行支配となったところ、③元文《げんぶん》二年（一七三七）町屋許可、延享二年町奉行支配になったところなど、三段階が認められる。町奉行支配地の中に虫食い状に町屋化した寺領を町奉行支配に組み込んだのである。

このリストとは別に東叡山領の町々のリストがある。寛永寺執当支配の上野山王下町など九か町、上野仁王門前町など目代《もくだい》田村権右衛門支配の町々三五か町である。大部分は上野の山下・広小路に面した町々であるが、寺域の拡大などで移転させられ、神田や西久保方面にも広がっていた。代々田村権右衛門を名乗る目代は膨大な寺領の支配もその権限に収めていた。先にも触れたように、これらの町々は、寛文二年（一六六二）に町奉行支配への組み入れが公布されたが実施されなかったところである。延享二年になってようやく町奉行支配も受けることになった。延享二年の寺社領組み込みの狙いの一つは、この東叡山領の組み込みにあったのではないだろうか。このとき町奉行支配に組み込まれた寺社奉行支配の町々、寺社門前町は四四五町にもなる（「寺社門前帳」）。

すでに享保十九年（一七三四）、町奉行は寺社門前地の人口を把握しており、享保《きょうほう》二十年以降の「町鑑」には「寺社御支配町方門前地方角付《ほうがくづけ》」としてこれらの町々が記載されている。日常生活のうえでは一体化していて、支配の違いによる支障が生じていたのであろう。

元文五年、農村部では「戸締め」は意味がないので執行しないが、「江戸町続きの寺社門前」においては「町続き村方町奉行支配」のところと同様、「戸締め」を執行する（『棠《とう》蔭秘鑑《いんひかん》』貞）というように、処罰の仕方においても町方並みになっていた。

東叡山寛永寺　寛永寺は寛永二年（一六二五）、天台宗《てんだい》の天海和尚によって、徳川家の祈禱寺として上野の山に建立《こんりゅう》された。西の比叡山《ひえいざん》に対する東の比叡山として山号を東叡山とした。当初芝の浄土宗増上寺が徳川家の菩提《ぼだい》所、寛永寺が祈禱寺とされたが、三代家光の葬儀は寛永寺で行われ、日光東照宮《とうしょうぐう》に埋葬された。その後四代家綱、五代綱吉と寛永寺に葬られた。さらに代々天皇の子を住職に迎え、輪王寺《りんのうじ》宮の称号が勅許されて、寛永寺の権威は高まった。さらに、古くから信仰を集めていた浅草寺を支配下に収めた。寺域は三六万五〇〇〇坪、壮大な伽藍《がらん》が配置され、子院《しいん》は三六坊を数えた。寺領は、幕末には実質三万五〇〇〇石に達しただろうとされている（『台東区史』）。

その他、石高に結ばれない町々が寺領として与えられ、人足《にんそく》役を奉仕させた。これらの町々は、寛永寺創建とともに寺社奉行から町屋を認められ、寛永寺の門前町、東叡山付拝領屋敷などと呼ばれてきた。なお、寛永寺の場合、「寛永寺領」ではなく、「東叡山領」が使われているので、寺領関係では「東叡山領」を使うことにする。

町奉行支配の内実　寺社領の町々を町奉行支配に組み入れるとの指示を受けて、寛永寺目代田村権右衛門は早速寺社奉行大岡越前守忠相《おおおかえちぜんのかみただすけ》へ伺書を提出した。

①　当領（東叡山領、以下同）のものが訴訟の当事者になった場合、直接町奉行所へ出頭するのではなく、当方の添状《そえじょう》を持参すること。
②　御触の伝達は従来通り当方からする。
③　宗旨《しゅうし》改めは当方でやり、寺社奉行へ提出する。
④　女性の通行手形が必要なとき当方から申請したい。
⑤　紛争になり裁許がされたのに従わないものの処置は、寺社奉行か町奉行か。
⑥　（町奉行からの）検使には当方の手代を立ち会わせたい。
⑦　名主は当方で吟味《ぎんみ》し任命したい。
⑧　当領内からの駆け込み願には当方の添え状を必要とすること。
⑨　欠落《かけおち》人の遺留品は当方が収納する。
⑩　屋敷売買のとき、当方の帳面に変更を記載して成立する。
以上が古来からの東叡山領の定法で改めるわけにはいかない、万事寺社奉行支配のときの通りにしたい、というものであった。いずれも領主としての権限を維持するためのものである。

これに対する寺社奉行大岡の指令は、①は田村役所の添状を持って町奉行所へ出頭する、

②は町奉行から田村役所へ申渡し、田村役所から町々へ通知する、③の宗旨改めは町奉行支配の町では人別《にんべつ》改めのみなので従来通り寺社奉行に提出、⑤は町奉行に届ける、④、⑥〜⑩はすべて伺いの通りとの回答がなされている。

一見、各町々の運営に変化はないようであるが、裁許そのものは町奉行が行うことになった。田村権右衛門役所の添状は必要とするが、裁許そのものは町奉行が行うわけである。代官支配の町の場合と同様、これが町奉行支配の要をなすものであった。

宗門改帳《しゅうもんあらためちょう》の作成は町奉行支配後も、東叡山支配の町々では毎年九月、名主支配ごとに一冊にして寺社奉行へ提出、増上寺領では一町ごとに毎年提出、また門前町では領主である寺院へも人別帳を提出するところがあった。

土地売買に関し、江戸の場合、町レベルで処理し、町年寄《まちどしより》・町奉行といった総町レベルでは関わらないので競合しないが、田村権右衛門役所の帳面記載が継続した。田村権右衛門の伺にはないが、町屋願も明和《めいわ》七年（一七七〇）の本郷喜福寺門前、宝暦《ほうりやく》六年（一七五六）の下谷高岩寺門前など、寺社奉行に提出されている。

寛永寺周辺の町々

表5は東叡山領が町奉行と両支配になった時期の十三番組町々の支配関係を一覧にしたものである。町屋が許可された年月など不明な

表5　十三番組支配別町数

		課役	町屋敷許可・町起立年	町奉行支配年	拝領年
寺社領　59	東叡山領　42	役人足　17 年貢　18 役人足・年貢　1	寛永以前　8 元禄　1 宝永　2	延享2年　42	
	その他　17	年貢　1	寛永以前　8 宝永・享保・元文　3	寛文　5 延享2年　9	
拝領町屋敷　24		公役　22 請負　2	寛永以前　1 寛文　2 元禄　9 宝永　1	寛文　2 元禄　11 正徳3年　2 享保　1	明暦大火前　8 同　後　3 天和　3 元禄　6 宝永　1 享保　1
代官支配地　5		年貢　5	寛永　1	正徳　5①	
町奉行支配地　②2		公役　2			

（出典）『御府内備考』をもとに作成。

（注）①出典には記されていないが、正徳3年に組み入れられたと推定。

②湯島切通片町・玄桂屋敷は古町なので、町奉行支配地とした。

部分が多いが、江戸の町の複雑さが実感できるのではないだろうか。十三番組は享保七年（一七二二）、下谷の拝領町屋敷、神田明神・湯島天神の周辺、本郷の一部、谷中・根津の一部で構成された。地理的に見れば地域の中心部がすっぽり抜けた形であった。延享二年（一七四五）東叡山領の町々が町奉行支配を受けることになって、地域的まとまりができたが、支配の違い、役負担の違いは依然として残った。数としては東叡山領が圧倒的に多いが、拝領町屋敷もかなりの規模を占める。この表には現れてこないが、大名の屋敷地、御徒《おかち》などの拝領地もかなりの面積を占めていた。

東叡山関係の町は寛永寺の門前町として発足した町々であるから、大半は寛永期に町として出発している。その他の寺社門前地も寛永期までに成立したところが多い。中堂建設に伴う移動が元禄期に見られる。役負担では本坊・中堂・開山堂の人足、山内《さんない》掃除人足などの人足役と年貢納入の町とがある。谷中の町々、山下の坂本町、千住へ抜ける金杉・竜泉寺・三ノ輪などは年貢を納入した。

拝領町屋敷のほとんどは大縄《おおなわ》拝領地だが、辻番や浚渫《しゅんせつ》事業の請負もある。成立は早くから見られるが元禄期も多い。町奉行支配を受けるようになった時期は元禄期が多いが、ばらつきがある。このように見てくると、上野の山を中心とする一帯は、寛永期にはかなり町屋化し、元禄期に新たな発展が見られる。

東叡山領の町々の地域は、寛永寺建立まで代官伊奈の支配地であった。そこが、早い時期に寺領になったので、代官支配の町は少なく、上野町の他は下谷大工屋敷と通新町だけである。町奉行支配の町はさらに少なく、湯島切通片町と玄桂《げんけい》屋敷だけである。この二町は古町で江戸城の御能拝見を許された町であるが、その歴史ははっきりしない。奥州街道のわき道で、わずかな町屋があったのみで、その後旗本《はたもと》拝領町屋敷となり、元禄年間（一六八八―一七〇四）町屋敷の許可を得て沽券地になったという。玄桂屋敷も同じような来歴で、町屋だったところを医師玄桂が拝領、貞享五年（一六八八）「売渡沽券地」になったという。この限りでは古町たる根拠に乏しい。十八世紀になってからだが、名主山田作右衛門は湯島天神門前町の名主でもある。湯島天神門前町は慶長十九年（一六一四）以来町屋であった。切通町も早くから町屋を形成し、御能拝見、年頭参賀を許される町であったのだろう。

東叡山領の名主

東叡山領が町奉行の支配を受けるにあたって、寛永寺目代田村権右衛門が提出した要望事項の中には、名主の任命があった。これは従来通り田村権右衛門方の任命ということになった。のちに、売女が摘発され、監督責任を問われて名主が罷免されたとき、前もって町奉行や町年寄との相談はなく、田村権右衛門役所の判断で行われた。これは他の寺社領の場合も同じで、伝通院領の名主は伝通院が任命するというように、名主の任命権は領主である寺にあった。

東叡山領の町々は、正月二十八日、門主と年頭のお目見えを許されていた。扇子三本献上というのは江戸城参賀に習ったものだろうか。町奉行の支配を受けるようになってから、町奉行のお目見えも許されることになった。順位は惣町名主（草分・古町《こちょう》・平名主）のあと、年頭お目見えが一日になるまでは、惣町名主お目見えの翌日であった。それでも東叡山主への年始より町奉行所への年始のほうが早かった。

寛永寺は伊奈代官支配下の下谷・上野・二葉村といった町々を接収して建立された。新しく設置された門前町の名主には旧村の名主の系譜を引くものがいる。下谷町・下谷車坂町は、下谷村の名主金子三郎兵衛が慶長十八年（一六一三）出願し、元和五年（一六一九）町になることを許可された。上野一・二丁目の名主佐久間源八の先祖は二羽という姓で忍ヶ丘に住居していた家のものだという。坂本町の名主二葉伝次郎は寛永寺草創以前から坂本の地に住み、金杉上町の名主勝田次郎左衛門は慶長年間（一五九六—一六一五）から金杉村の名主を勤め、村方住居だとしている。池之端七軒町の名主井上仁右衛門は草分七人のうちの一人で、代官支配下の名主であったとする。同じ池之端仲町の名主池田七兵衛、下谷茅町西田次郎兵衛も草分人の一人として名主となった。東叡山領の名主は、「いずれも古来、東叡山から屋敷を拝領した」が、長い年月の間に売却したものもあると記されている（『東京市史稿』産業篇二四—五九七）。村の生活が営まれていた地域が寺領として接収され、新たに寺領の名主としてその地に生き続けたのである。

一方、新しい領主との関係で名主になったものもいる。上野北大門町の大西権左衛門、上野元黒門町岡部助左衛門は慈眼《じげん》大師の家来であったもので、それぞれ町屋取立てのとき名主を命じられたという。

ここに挙げた佐久間・二葉・勝田・井上・池田・大西・岡部七人の名主たちはいずれも慶応《けいおう》年間（一八六五—六八）まで職務を続けている。

東叡山領の人足役

東叡山領の人足役はさまざまであった。

浅草六軒町は開山堂の人足役を勤める町だった。その内容は、十二月十三日の開山堂煤《すす》払い、十二月二十八日の松飾り、正月十一日の鏡開きなどがあった。そのとき、名主家主一同麻裃《あさかみしも》にて出頭とある。

神田八軒町・西久保車坂町は寛永寺の御祝儀やご法事のとき、麻裃着用で給事役を勤めた。

　また、屏風坂下車坂町・寺町通り車坂町・浅草新寺町通車坂町には、大赦要員が割り当てられていた。将軍などの葬儀や法事を理由に大赦が行われるとき、町内名主が肝煎役《きもいりやく》を勤めた。大赦が行われるときは、前日に牢屋役人から連絡があり、準備を整えた。解き放たれる囚人は前夜から連れてこられ、出役の役人、町年寄手代《てだい》、伝馬《てんま》人足など大勢のものが集まってきた。名主の提供した人足たちは敷物を敷いたり、湯茶の接待をした。三町の家主一三人は山内の案内に立った。この費用は町入用からは出さず、名主の出費だったということ。車坂町は当初の土地を御用地に召し上げられ、一〇か所にも分散させられた町である。分散させられる前からの奉仕であったのだろうか。

伝馬役と町

伝馬役の負担

伝馬役のしごと

高野新右衛門は南伝馬《てんま》町の名主を勤めると同時に、伝馬役の一人であった。江戸の伝馬役は佐久間善八（宝永《ほうえい》年間〈一七〇四―一一〉退転）・馬込勘解由《まごめかげゆ》・吉沢主計《かずえ》・高野新右衛門・小宮善右衛門・宮辺又四郎に命じられ、それぞれが名主役を勤める大伝馬町・南伝馬町・小伝馬町の国役《くにやく》であった。職務の内容は、公用の伝馬・人足の提供と公用の書状の逓送《ていそう》であった。月の前半一五日は大伝馬町が無賃の人馬の提供と書状の逓送をし、南伝馬町は賃伝馬の提供を行った。月の下旬は反対に南伝馬町が無賃伝馬の提供と書状の逓送、大伝馬町が賃伝馬の提供を行った。いずれの場合も、品川・千住・板橋・内藤新宿（高井戸）までの付け出しに限られていた。小伝馬町は江戸市中の御用、たとえば江戸城消費の米炭薪糠《まきぬか》などの運送にあたった。

人馬の提供は四宿までと限られていたが、人馬数の制限はなかった。伝馬役としては新規の御用は極力避けたかったが、増えていった。宝永四年（一七〇七）に五五項目であったものが、安永《あんえい》二年（一七七三）には一四四項目になっている。提供の人馬数も増えていった。寛文《かんぶん》三年（一六六三）、五八九二疋、一九〇一人、天和《てんな》元年（一六八一）、一万一九九〇疋《ひき》、一万一五二人である。当然費用も膨大なものになっていった。

伝馬役の財政状況

大伝馬町・南伝馬町の両伝馬町へは扶持米《ふちまい》一二石三斗六升が与えられ、慶長《けいちょう》十一年（一六〇六）拝領した大伝馬町三三七間半、南伝馬町三八六間半の配分を受けたものがその役を勤めた。その後、大御用を勤めた褒美として、寛永《かんえい》十三年（一六三六）四谷に七四〇間、赤坂に七六一間の助成地が加えられた。また、江戸稼ぎ在郷の馬一匹につき年に一匹（のちに三匹）の助馬《すけうま》が提供されることになり、大八車貸駕籠《かご》賃銭（元禄《げんろく》十三〜十六）の徴収が認められ、大八車貸駕籠賃銭廃止後は四か所、額面三七三〇両の拝借地が与えられた。安永九年（一七八〇）からは質屋運上金のうち四〇〇両がまわされた。その間、たびたび拝借金が許可されている。

延享《えんきょう》元年（一七四四）の収支で見ると、提供馬数八〇九二匹、そのうち赤坂から一三九八匹、在郷の馬から九八五匹分の提供を受け、残り五七〇九匹分、一匹九匁九分ずつ、九四一両三分を伝馬町が負担した。人足は一万四〇八九人提供、賃金一人二匁九分三厘五毛で、六八九両、御用の革籠・紙・ろうそく・むしろ・縄・渋紙などの支出が三〇一両二分、人馬賃銭・雑費含めて合計一九三二両一分の支出であった。助成のほうは、拝借地の地代が六八両一分、四谷・赤坂から馬ではなく、金銭で受け取った分が一八六両一分、扶持米分一〇両一分、合わせて二六五両、差引き一六六七両二分が大伝馬・南伝馬両町の地主が負担した（『御伝馬方旧記』）。

文化《ぶんか》六年（一八〇九）には支出一七二〇両、家持の負担が九三五両、天保《てんぽう》十一年（一八四〇）には支出二七四五両二分、家持負担一九六三両という膨大な額になっている。

享保《きょうほう》七年（一七二二）、公役《くやく》の改正が行われ、間口間数《けん》に応じた負担とし、土地柄によって軽重をつけるなど合理的な方式を導入した。上の地域で五間あたり年間一五人、賃金三匁《もんめ》としても年間四五匁の負担である。代銀納《だいぎんのう》の国役《くにやく》町と比べてみると、桶町は桶大工九七〇人分、一人三匁として四八両一分余の負担である。紺屋町は六か町で銀六三〇〇匁限りという定めで、金にすると一〇五両となる。信じられないような不公平さであるが、これが幕末まで続いていた。

伝馬行事

伝馬町の負担はこうした提供人馬賃銭などの経費だけではなかった。大量の人馬を要請に応じて間違いなく手配するにはそれなりの体制が必要である。南伝馬町には伝馬行事が置かれていた。元文《げんぶん》四年（一七三九）の決めでは、伝馬行事は、間口一間につき二日ずつの割り当てであった。間口五間であれば一〇日間勤めなければならない。その期間、家主は袴を着用して名主の玄関に詰め、伝馬人足の手配に備える。公用の書状を受け取ったときには、町行事（月行事《がちぎょうじ》）と連名で請書《うけしょ》を提出する。伝馬人足提供の要請があれば、伝馬行事は写しを三通作成し、一～三丁目の行事に渡す。また伝馬関係で連判が必要なときは伝馬行事が直接回って印形をとる。支出が必要なときは町年寄の承認書をもらって支出してもらう。毎月二日、伝馬行事のところへ定使・馬頭が集まり、一か月の人馬数を確認して記帳、総勘定は年二回、町の年寄・伝馬行事・定使・馬頭・人足頭が集まり、名主も立ち会う。

伝馬行事が公用で出かけるときは定使一人と、人足頭か馬頭かを同道させる。御用に必要な提灯・ろうそく・細引き・紙などは伝馬行事が吟味し、手渡す。近在脇馬・赤坂馬・町馬などへの配分は伝馬行事の判断による。南伝馬町には町の行事とともに、人馬差配の知識と経験を必要とする伝馬行事が置かれていたのである。

伝馬役勤めの体制は時代とともに整備されていったと思われるが、元禄期には文章化されていたのがわかる。時代が下るにしたがって詳細になっている。

伝馬町には町の年寄という役職もあった。延宝二年（一六七四）には大伝馬町二人、南伝馬町五人、小伝馬町二人、元禄十二年（一六九九）には大伝馬町四人、南伝馬町・小伝馬町各五人が確認できる。町の年寄は伝馬会計の監視役とでもいうのか、年二回の総勘定に立会い、拝借金願いに連署している。伝馬行事は勤めるが町の行事（月行事）・火の番は免除されている。土地の売買・相続・家主交代などのとき祝儀を受け取っている。町入用の出納は月行事の仕事で町の年寄は関与しないと断り書きがある。この役職は、寛政期にも確認できる。

拝借金配分に見る名主と町人

伝馬役助成のための拝借金貸付は、延宝二年（一六七四）、元禄十二年（一六九九）、享保十八年（一七三三）、延享二年（一七四五）、安永二年（一七七三）など再三にわたっている。

〔延宝二年〕

この年、江戸をはじめ五街道宿駅に新銭の拝借を許した。江戸では大伝馬町、南伝馬町にそれぞれ一万貫文、小伝馬町に五〇〇〇貫文、計二万五〇〇〇貫文を一〇か年賦、無利子で貸し与えた。三伝馬町名主・町内年寄が連名で御金奉行《おかね》（勘定奉行の配下）あての拝借証文を提出している。南伝馬町では、一万貫文、二五〇〇両のうち半分一二五〇両を三町の町人が借用し、残り一二五〇両を伝馬役三人の借用とした。町人は、一丁目六兵衛が五〇〇両、二町目五兵衛が二五〇両、三丁目宗碩《そうせき》が五〇〇両の家質《かじち》を入れている。このときの借用金は元禄元年無事返済し終えた。

〔元禄十二年〕

数年来の願いが聞き入れられ、三町で五〇〇〇両、一〇年賦、無利子の借用が許された。元禄九年、拝借願いの理由として、三四年前は五八九〇疋、二九〇〇人の提供であったものが、一昨年には一万五〇〇疋、九五〇〇人と増え、近在からの助馬は二五年前二〇〇〇疋あったものが現在では六〇〇疋と減少している。さらに近年では増駄賃銭が馬で五、六〇〇文、人足で二、三〇〇文も必要で伝馬役の負担が増えている、大伝馬・南伝馬両町で三万両を拝借したいというものであった。元禄十年、大伝馬・南伝馬各三〇〇〇両の再願をするが、一五〇〇両を間口割で個別に借用し、一〇〇〇両を名主借用、残り五〇〇両を貸金または土地を購入するなどして運用するとの計画を示している。

結局元禄十二年、大伝馬・南伝馬町は各二〇〇〇両、小伝馬町一〇〇〇両となったが、配分は名主三分の一、町人三分の二ということになった。大伝馬町では二〇〇〇両の担保を馬込の土地で保証し馬割で配分したようである。同時に願い出ていた大八車貸駕籠運上徴収の件は元禄十三年に許可となった。

〔延享二年〕

延享二年の拝借金は出願から約一年をかけて実現したもので、公金貸付の一環としても興味深い。延享二年正月、大伝馬・南伝馬両町は九〇〇〇両の拝借を願い出た。近年、不相応の大御用で困窮、家屋敷を売り渡したり、家質に入れるなど家持は困窮している。道中筋助成金の例にならい、拝借した九〇〇〇両を有徳の町人に貸し付け、利金六分として年五四〇両を伝馬役の助成にしたい、というものであった。

五月、寛保《かんぽう》三年（一七四三）の負担が一五〇七両三分、延享元年の負担が一六六七両二分にもなることを付して再願、閏十二月、三伝馬町へ六〇〇〇両の拝借金が許可された。しかしこれは現金での拝借ではなく、すでに町中に貸し付けられている町年寄貸付金をそのまま伝馬町の貸付金として移行するというものであった。これまで町年寄を経て幕府財政に入っていた利子を伝馬助成として与えるというものである。伝馬町への助成は、元本六〇〇〇両に対する年六分の利子五か年分一八〇〇両、六年目から元金を二〇年賦で返済、返済終了後も伝馬助成として活用するというものであった。

延享三年正月、家質証文・家守証文ともに伝馬町に渡された。町内での割合は、名主三分の一、町中三分の二であった。安永二年一二月皆納とあるのでほぼ期限通り返済しえたものであろう。

土木工事の請負

浚渫事業と土地の造成

拝借金運用の配分をめぐって、名主と町中との微妙な駆け引きが感じられるのであるが、三保《みつまた》問題はその対立を顕在化させることになった。

明和《めいわ》六年（一七六九）、町奉行所から、大伝馬《おおてんま》・南伝馬・小伝馬町三町の御伝馬役五人に、大八車貸駕籠《かご》運上について問い合わせがあった。大八車貸駕籠運上は元《げん》禄《ろく》十三年（一七〇〇）、伝馬役助成のため、貸駕籠一挺《ちょう》に銀三分《ぶん》（一〇分が一匁）、大八車一輌に銀三匁《もんめ》の徴収を伝馬役にゆだねたものである。実際の徴収に困難があったのか、元禄十六年廃止になった。廃止後、大八車貸駕籠運上のかわりに拝借屋敷四か所が与えられた。

伝馬役はこの問い合わせをチャンスとして、貸駕籠車（大八車）運上の復活を願い、徴集高の三分の一を上納すると申し出た。この出願に対し、南町奉行牧野大隈守二番組与力《よりき》仁杉《ひとすぎ》幸右衛門から貸駕籠車運上と伝馬役の拝借屋敷の売却金とで、本所《ほんじょ》猿江御材木蔵の内堀浚《さら》いと大川出洲《です》浚い（御舟蔵前）を請け負わないかという内々の打診があった。伝馬役としては、浚普請はやりつけないことなので勘弁してほしい、たしかな請負人を紹介するから町奉行の方から命じてほしい、拝借屋敷の売上代金と貸駕籠車運上一〇か年分を上納するのでそれを必要経費に当ててほしい、不足分は伝馬役五人より出すと回答した。そしてこれまで浚普請の請負をしてきた通塩町半十郎・同長右衛門・鉄炮町次兵衛店《たな》和助・難波町家持嘉兵衛を推薦、八〇〇〇両で請負わせたいと申し出た。

拝借屋敷の地代は全部で八七両ほど、伝馬助成としてはあまり効果がなかった。貸駕籠車運上は年七三四両二分余と見込まれていたので、奉行所の打診を受け入れておいたほうがよいと判断したのだろうか。大規模な土木工事を請け負える条件があったのかどうか疑問である。

三　保築立

明和七年（一七七〇）にかけて、請負金額をいくらにするか、貸駕籠車運上の何年分をあてるかなど、奉行所とのやりとりが続いているさなか、二

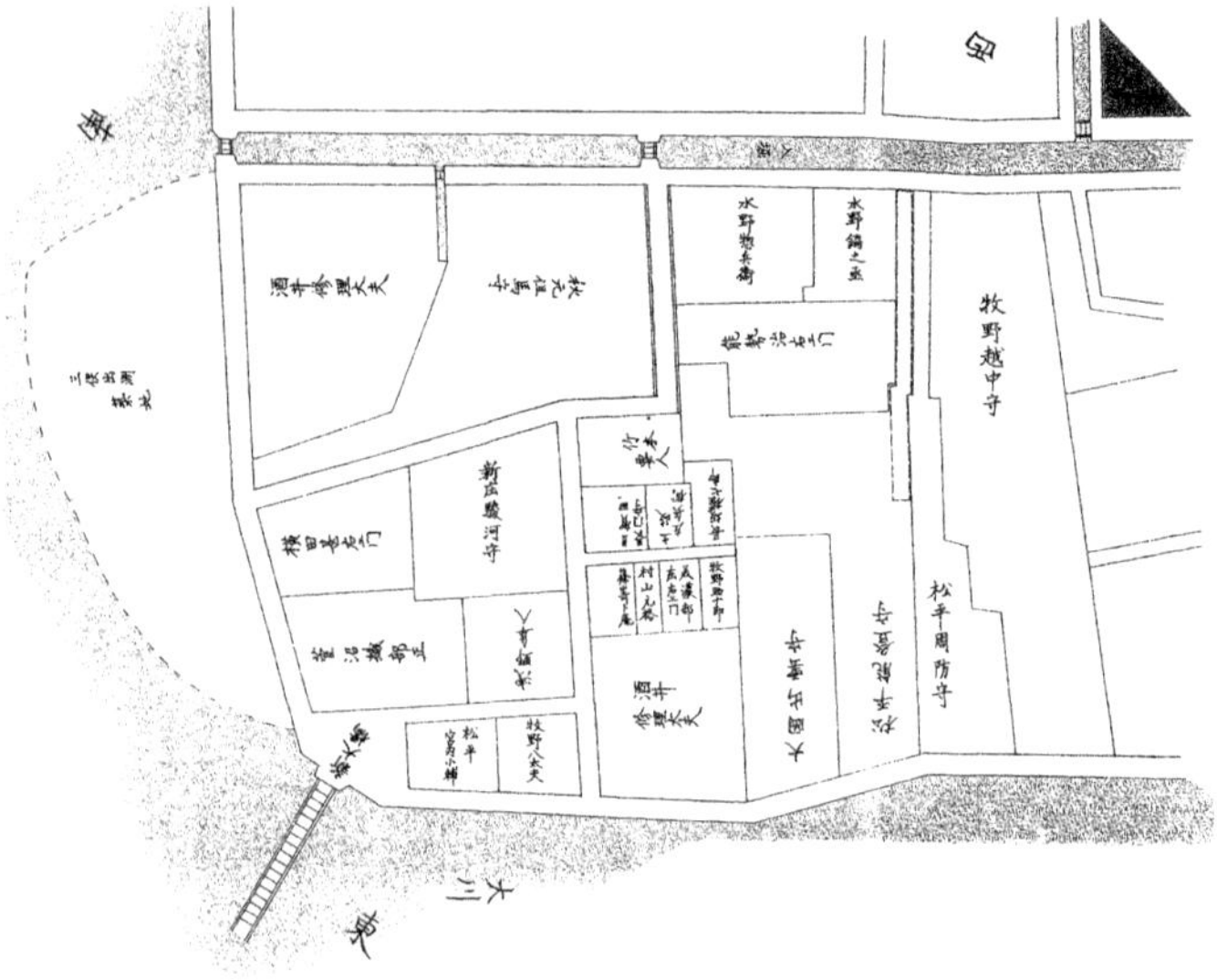

図14　三俣出洲築地周辺（『御府内沿革図書』五・明和年中之形より）

月十三日、牧野番所から呼び出しがあり、本所猿江御材木蔵の内堀浚いと大川出洲浚いの浚い土をもって、大川三《みつ》俣《また》の出洲を埋め立て、町屋を造成する事業と三点セットで実行したいという案が示された。当時三俣と俗称されていたのは、新大橋（元禄六年架橋）の下流、隅田川が箱崎の一角に当たる形で、洲ができやすいところであった。その左岸に御船蔵があった。また貸駕籠車運上を復活するのではなく、新たに徴収する質屋上納金九五〇両をあてるというものであった。

伝馬役は、二月二十八日、三俣築立てともなると大金がかかる事業、迷惑だと御免願を提出、再度御免願を提出したが受け入れられず、四月十日見積書を提出することになった。見積額は猿江御材木蔵の内堀浚いが四三〇〇両、大川御船蔵前出洲浚いが二七〇〇両、三俣築立てが二五〇〇両、計九五〇〇両の事業であった。資金の手当ては、質屋上納金年額九五〇両を五か年分計四七五〇両（六年目から四〇〇両を伝馬助成にあてる）と、拝借屋敷売り払い代金を四三〇〇両と見込んだ。九月に伝馬役五人が町奉行牧野大隈守に請証文を提出したが、とりあえず猿江内堀浚いと大川出洲浚いの二件で、請負人は半十郎と和助であった。

猿江御材木蔵内堀浚いは明和七年十月着工、翌明和八年五月検査終了、三俣築立てが三伝馬町に命じられたのは明和八年五月で、質屋上納金九五〇両の支給が三年間延長され八年分となった。三か所の工事費九五〇〇両に対し、拝借屋敷売り払い代金四三〇〇両、質屋上納金八年分七六〇〇両、計一万一九〇〇両が手当てされるのだから旨みのある仕事に見えたかもしれない。同じころ、薬研堀《やげんぼり》が埋め立てられて町地となっている。土地を造成し、地代収入を図るという政策がとられていた。仮に一両八万円としても七億六〇〇〇万円の事業である。何千両・何百両という数字のみが飛び交っている感じである。

大川御船蔵前出洲浚いの工事開始は明和八年六月、大川御船蔵前出洲浚い・三俣築立の検査終了が明和九年の十月、それぞれに褒美が与えられたのは十二月であった。町奉行へ金三枚（三〇両）、担当与力二人へ各一〇両、出役与力五人へ各七両、伝馬役五人へはそれぞれ銀三枚（一枚は四三匁）が与えられた。

三俣の築立て地は九〇〇〇坪と見込まれ、明和八年六月御普請方から町奉行へ移管となった。築立て地に町屋が完成したのは安永《あんえい》四年（一七七五）のことで、三股富永町と命名され、江戸一番の歓楽地となった。結局それが仇となって、寛政《かんせい》元年（一七八九）取り払いとなった。大風雨のとき、水が河口へ流れず、洪水の被害に見舞われたためともいわれる。取り払いのためまた大金が費やされた。

安永三年の収支

安永三年（一七七四）の時点で、猿江御材木蔵内堀浚・大川御船蔵前出洲浚・三俣築立、三事業の入用高は二万六六六両と計算された。一方、収入は拝借屋敷の売却が二八二五両と大幅に下回り、質屋運上金九五〇両の八年分を下付されて七四九六両二分（一〇三両二分不足の理由不明）、合わせて一万三二一両二分にしかならなかった。支出が倍以上に膨れ上がったのは、それぞれの事業の見積もり違いが大きかった。請負人がたびたび交代し、伝馬役の「手普請」で凌いだこともあった。明和九年（一七七二）二月の大火による賃金の高騰、大風雨による決壊、再利用をするつもりであった材木が腐っていたとか、請負人が払わなかった賃金を補塡するとか、弱り目に祟り目の理由が挙げられている。隅田川の一つの洲を掘り上げ、それで別の洲を築くといった工事は大工事である。請負人が浚渫《しゅんせつ》事業の経験者であったとしても、伝馬役人では手に負えない面もあったのではなかろうか。まさに「事なれざる」仕事であった。

しかし御公儀に約束した仕事、伝馬役としては放棄するわけにはいかない。伝馬役の土地売却により七六三両、借入金九五八二両で凌いだが、その利息が年五六五両以上になると訴えている。安永二年借用の南鐐《なんりょう》二朱判二八五〇両をもって返済した借金の額は、一口、元利二七〇三両と記されている。三河屋儀右衛門の一三〇〇両を別にすれば、三〇〇両四人、あとは一口一〇〇両前後の小口である。室町助左衛門の名前があるが、室町名主の加藤であろうか。これらの借入金を含めて、大土木工事の借入金の処理に数十年が費やされることになる。

町とのあつれき

この一件は三伝馬町の伝馬役五人と町奉行牧野大隈守与力仁杉と交渉が続けられ、伝馬役の請負となったものである。高野家の史料には、この一件で、伝馬役・名主と町との間に大きな亀裂が生じたことが語られている。

明和七年（一七七〇）九月、町奉行所に対し、伝馬役五人が請証文《うけしょうもん》を提出する段階になって、伝馬役・名主の吉沢・高野・小宮から南伝馬町三町の年寄《としより》・年番《ねんばん》にその旨を申し入れたところその反応は冷たいものであった。このとき高野善次郎（九代直昌の実父で直昌の後見人）と南伝馬町二丁目の町人とが取り交わした証文がある。

南伝馬町二丁目八左衛門ほか一三名、月行事《がちぎょうじ》藤右衛門・年番市郎兵衛が高野善次郎に宛てた文書は伝馬役からの申し出を拒否するものであった。猿江御材木蔵内堀浚・大川御船蔵前出洲浚・三俣築立ての普請《ふしん》御用のため、拝借屋敷を売り払い、質屋上納金八年分を当て、普請終了後は年四〇〇両ずつ伝馬助成にするということであるが、この計画は自分たちが出願したものではない、拝借屋敷を売り払っても、これまで伝馬財政に入れてきた拝借屋敷地代三八両を支払ってもらえば差し支えはないが、この普請御用にかかる費用は自分たちはいっさい負担しないというものである。伝馬役の側はこれを受け入れざるをえなかったものであろう、高野善次郎は南伝馬町二丁目総家持《いえもち》中に全面的に受け入れの文書を提出している。ここでの宛名は南伝馬町二丁目総家持中となっているが、町中からの文書の署名者は家主のようである。その内容は地代金三八両はこれまで通り町に支払い、今後この一件に関して町内に出銀を要請しない、この普請に関して町内の連帯保証を求める請証文は取らないというものである。

南伝馬町一丁目でも、伝馬役・名主吉沢主計と一丁目家主とが文書を取り交わしているので、南伝馬三町、それぞれに同趣旨の文言を取り交わしたのであろう。伝馬役と町とは一体のものであったはずである。たしかにこの大土木工事は伝馬の役とは無関係である。決定までの過程に納得いかないものがあったことでもあろう。その後長期間にわたって、大土木工事は町の運営に大きな影響を与えることになる。大伝馬町では町内から「大金差出」をしたことが判明する。またこの事業は馬込勘解由《まごめかげゆ》の企てというのが巷の風評であった。

借金返済の努力

三保築立地の請負願

三か所の土木工事を請け負ったことによって、伝馬役《てんまやく》は所有する土地を売却し、一万両からの借金を作ってしまった。工事が一応完成し、褒美を受けたのち、早速、一万三七九〇両の負債を背負ったこと、一五〜二〇%という高利の借金で繰り回しているという窮状を訴え、借金返済の手段として、三保《みつまた》造成地の請負を願い出た。条件は、五か年上納御免ののち、年一〇〇〇両を二回分割で上納、ただし井戸・下水施設の費用は下げ渡されたいというものであった。そもそも三保築立《つきた》てには残土処理というより、費用をかけないで町屋を造成し、その利潤を得ようといった思惑があったと思われる。造成地を、費用の対価として伝馬役に請け負わせる考えはなかったであろう。伝馬役の請負願は却下された。安永《あんえい》四年（一七七五）町方上納地となった。誰が請け負ったものであろうか。

拝借金

一万両からの借金を返済することは容易ではない。たびたび拝借金願を提出した。そこで訴えられている窮状は、拝借屋敷の売却が見込みの四三〇〇両を大きく下回り、二八二五両にしかならなかったこと、活用する予定だった浚《さら》い上げの杭が腐っていて購入しなければならなかったこと、大風雨のため工事のやり直しをしたこと、そうした見込み違いのため高利の借金をしなければならなかったこと、明和《めいわ》九年（一七七二）の大火による賃金の高騰、大伝馬町・小伝馬町の類焼を挙げている。だが、なかなか拝借金の許可が下りなかった。

明和九年鋳造《ちゅうぞう》した定額銀貨南鐐二朱銀は期待したように普及しなかった。そのため南鐐二朱銀を両替商や問屋層に積極的に貸し付けて普及を図っていた。これに目をつけ出願、安永二年（一七七三）、二八五〇両を三か年賦無利子で借用することができた。これは期限通り返済した。

安永四年五月、大伝馬町町人と馬込勘解由《まごめかげゆ》から、質屋上納金四〇〇両を担保に一万両の拝借願いを提出するが却下、あらためて三伝馬町から南鐐二朱銀一万両を二分の利息で借用したいという願いを出した。安永五年十一月、日光御社参の負担をあげて再度出願、安永六年四月になって、ようやく南鐐二朱銀一万両が一〇年賦、三分三厘の利息で貸し付けられた。この一万両は、借金の肩代わりをしていた大伝馬町馬込へ一括渡された。返済方法は、安永六、七年は利息分三三〇両ずつ、安永八年から一〇か年は年一〇〇〇両ずつ元金を返す、さらにその後二年で一〇か年の利子分一八一五両を返済するというものである。天明《てんめい》五年（一七八五）十二月、年々元金一〇〇〇両返済の条件を緩め、年五〇〇両に半減、利子を三分から四分に引き上げた。寛政《かんせい》九年（一七九七）、元利ともにようやく返済した。

伝馬役の家質

安永二年（一七七三）四月、南鐐二朱銀二八五〇両借用に当たって提出した伝馬役の土地の所有状況は次のようなものであった。（　）内は宝《ほう》永《えい》七年（一七一〇）の所有状況である。

馬込	一一間半（二四間）	沽券高二三〇〇両	うち家質　八〇〇両
吉沢	一二間半（一〇間）	二〇五〇両	一一〇〇両
高野	一〇間（一四間）	二五〇〇両	一二〇〇両
小宮	なし（九間半）		
宮辺	七間半（七間半）	一一〇〇両	六〇〇両

計七九五〇両だがそのうち三七〇〇両が借金の担保になっていた。

吉沢は二か月後の六月、一二間半のうち八間口を家質の金主に売り渡し、親類の所有地を担保にした。のちにこの土地も売却している。高野も安永三年、角地六間分を売却、安永六年角地の残り四間を家質に入れ、続き地面四間口を売却した（安永二年の書上にはすでに含まれていない）。居住地も家質に入っているという状況である。安永二年まではかろうじて持ちこたえていたのであるが、その後急速に土地を手放している。この大土木工事の請負が過重な負担であったことがわかる。

伝馬財政の正常化

安永六年（一七七七）借用の、利子つき一〇年賦、一万両の拝借金は寛政九年（一七九七）返還された。しかし大伝馬町の立て替え金もまだあり、南伝馬町高野家の家質もあるので、質屋上納金のうちの伝馬助成金四〇〇両は、あと二〇年間、伝馬助成に当てるのではなく、土木工事の損金に当てることとした。そして最終的に決着したのは文政《ぶんせい》元年（一八一八）、実に四八年ぶりのことであった。

寛政九年から二〇年目が近づいてきた文化《ぶんか》十三年（一八一六）十一月、高野新右衛門直孝は、南伝馬町三町の年番を呼び、助成金の配分方法について了解を求めた。直孝が家督を継いだのは寛政四年、八歳のときであった。善次郎の死によって直勤となったのが享《きょう》和《わ》元年（一八〇一）、文化十三年には自らの仕事にも熟知してきたころであろう。寛政九年当時は直孝も若年、吉沢は不在、小宮・宮辺は過去を知らず、頼みの大伝馬町は年番持ちということで、過去の約束事が反故《ほご》になってしまうことを心配し、かつての約束の年限まではっきりさせておこうとしたのである。

直孝はかつて、拝借金や拝借地の地代の配分方法は、まず大伝馬町二・南伝馬町二・小伝馬町一の割で配分し、南伝馬町ではその三分の一を伝馬役、三分の二を町中が受け取るという仕組みであったとした。したがって、土木工事に伴う借金を返済したのちは、質屋上納金四〇〇両の南伝馬町取り分は一六〇両、伝馬役が五三両余、町中が一〇六両余という配分でいきたいというものであった。直孝の提案に対する町中の意見はなかなかまとまらなかった。翌々年七月、伝馬役四分の一、町中四分の三という結論が出され、ようやく助成金の町内配分法が決まった。これによって、高野家は家質の返済残り分を自己の責任で返済することになった。直孝の事態解決の手引きは、代々引き継がれてきた膨大な文書類であった。

土木事業請負の出発点において、町中は無関係を宣言したがそういうわけにはいかなかった。小額であっても地代店賃《じだいたなちん》の上がり高も入らず、質屋上納金も借金の返済に回され、伝馬役・名主の借金の返済にもかかわり、伝馬役の御用の負担もしなければならなかった。名主の地位はおのずと下がらざるをえなかったであろう。

吉沢主計出奔

南伝馬町一丁目名主吉沢主計《かずえ》の出奔が明らかになったのは、天明三年（一七八三）八月十九日の夕方であった。数日前の十六日、奉行所が没収し、入札が命じられた南伝馬町一丁目の土地が、別の担保に入っていることが明らかになった。調べてみると、その他にも不正が行われていることが判明した。周辺の話から、十九日の朝に家族が目立たぬように出ていったことがわかった。主計のかかわった家質の状況は次のようなものであった。

①　間口一〇間、奥行き二〇間の土地に五重の家質、不正の金額は二七〇〇両。
②　間口一〇間、奥行二〇間、売却済みの土地ににせ地主を置いて家質の担保とした。
③　間口五間、奥行一〇間の土地に二重の家質。
④　間口四間半、奥行二〇間の土地に八重の家質。

いずれも南伝馬町一丁目の土地で、不正金額は五五〇〇両であった。売買だけでなく家質にも名主は奥印《おくいん》をすると同時に、沽券《こけん》状を預かるという重要な役割を持っていた。名主による多重の不正は、土地取引の信用を失墜させるものとして衝撃が走ったであろう。主計と、主計と共謀したとされる佐兵衛には親類や家主に尋ねが命じられたが所在がつかめず、八人に過料三貫文、永尋《ながたずね》が命じられた。何重もの家質に入れられた土地について、不正が行われた証文に名主の実印はあったが、五人組の印が不備であった。したがって家質金主の不注意ということで、地面は証文の整っていた金主に与えられ、にせ証文をつかまされた金主はまったくの損金となった。

その後の吉沢家についてはわからない。伝馬財政が「正常化」したあとの文政二年（一八一九）、高野・小宮両家は、吉沢家の菩提所上野山内護国院に年一〇〇疋を納めて供養を頼んだ。周囲のものは案外その消息を知っていたような気もする。三俣築立て一件とのかかわりは指摘されていないが、金繰りに困ったうえでの窮余の不正行為であったのではあるまいか。

吉沢出奔後、伝馬役は高野・小宮の二家が二か月交代で勤めることになった。名主役はとりあえず月行事で勤めることになり、南伝馬町一丁目以外の町々はそれぞれ近隣の町の名主の支配に入った。南伝馬町一丁目からは三丁目名主小宮の支配を受けたいという願いも出されたが、奉行所も五番組名主たちからも、南伝馬町は三町一体でやってきたし、それを崩すわけにはいかないということで、高野・小宮の年番持ちとなって幕末にいたった。

吉沢主計出奔から一〇年、寛政四年（一七九二）五月、今度は伝馬役・大伝馬町名主馬込勘解由が役儀取り上げ、押込《おしこめ》の処罰を受けた。町入用の削減を図り、七分積金の制度を導入するという、いわゆる町法改正が実施に移された時期であった。町入用改正の一つは、名主居住地も町入用を負担するということであった。大伝馬町では、伝馬役金・名主給料ともに馬込地面を除いて割り付けていた。先にも述べたように、伝馬町の負担金は他町とは比べられないほどの多額であった。伝馬役という意識が町中並みを受け入れられなかったのかもしれない。

馬込の役儀取り放ち

町奉行は、名主の筆頭、肝煎役を勤めるものが、町内地主が取り計らったからといって、それを受け入れ、自分だけ町入用を負担しないのは許し難いと伝馬役・名主の役儀取り放ち、組合名主へ預け、押込を命じた。名主役については一番組名主、伝馬役については南伝馬町小宮善右衛門取り扱いとなった。

押込は一か月ほどで許されたが、草分名主たちの提出した、倅平八への跡役願いは受け入れられず、伝馬御用は南伝馬町の高野・小宮が隔月に勤めることとなった。倅平八に伝馬役・名主が許されたのは享和元年（一八〇一）五月のことであった。

猿江御材木蔵内堀・大川御船蔵前出洲の浚、三俣造成工事の伝馬役請負は、馬込の企てといわれ、資金の調達に積極的に動いている。世情にのって一挙に伝馬財政の好転を図ったものの思惑が外れたということであろうか。

高野直孝の時代

相次ぐ当主の死

高野家は、四代直重のあと五代・六代と公私ともに安定した時代であった。六代直熙《なおひろ》が四四歳で病没したときも、男子が三人いたので、跡目の心配はないかに見えた。しかし七代を継いだ長男直好《なおよし》は寛延《かんえん》元年（一七四八）九月十五日急死した。直好三五歳でまだ子がなかった。突然のことであったため、その死を内密にして、急遽、伝馬役《てんまやく》でもある南伝馬町一丁目名主吉沢主計・三丁目名主小宮善右衛門と相談して、直好の弟記内を養子とし、見習勤めをさせたいという願いを提出することにした。翌十六日担当の町年寄《まちどしより》喜多村から、支配町の連判を即日とるように命じられた。名主の代替わりは本人の申請と、家主の連印が要件であったから当然のことであろう。南鞘町・南塗師《ぬし》町・松川町は了解したが、南伝馬町の年寄（一六四ページ参照）は、なかなか納得しなかった。しかし、ともかく記内に会った上で、連判するという了解をとりつけた。町中連判が揃わぬまま出頭した喜多村役所では、記内に年齢を尋ね、当主と同居していたことを確認した。ついで樽屋・奈良屋へまわった。十八日、主計・善右衛門・記内、南伝馬町一丁目町人二人、二丁目三人、三丁目三人、南鞘・南塗師・松川町各一人が喜多村役所に呼び出され、願の通り記内の養子願・見習い勤めが認められた。即日、町内に直好病死を伝え、十九日葬儀を執行した。草分《くさわけ》名主であっても、名主の新任には町中の合意が必要であった。

六代直熙も名主在職中の死亡であったが、直好の元服《げんぷく》もすみ、見習勤めが認められていた。直熙正月二十一日死亡、二十二日出棺、二十三日火葬、二十七日初七日法事、二月十三日吉沢・小宮と家督《かとく》のことを相談、十四日町年寄へ出願、十九日、吉沢・小宮・高野、家主六、七人に願いのとおりとの申し渡しがあり、閏三月六日町奉行のお目見えがあった。

不幸はこれで終わらなかった。記内は直賢《なおかた》と改め八代目を継いだが、明和《めいわ》元年（一七六四）重病となった。早くに妻と別れ、子どもがいなかったので、直賢の次兄（六代直熙の次男）で他家へ養子に出ていた茂雅の男子徳三郎を直賢の養子とした。徳三郎は当時九歳、実父茂雅が高野善次郎と名乗って後見役となった。家督相続の許しが出て一か月後、直賢は死亡した。のちに直賢の離縁した妻の実家から、持参金一〇〇両返金の要求があり、返金に苦慮する事態もあった。祐天上人《ゆうてんしょうにん》に調伏《ちょうぶく》されたよしの亡霊にまたもや取り付かれたように不幸が続いた。

葬　式

七代直好死亡のときは混乱していたのか、葬儀振舞いの記述はない。六代直煕のときは初七日に、支配する町の家主全員、所有地の店衆全員を招いた。親類中を合わせて、一五〇人であった。葬列のことなど記述がないが、親類と合わせて支配町の家主、所有地の店衆が葬儀に加わっていたのであろう。

享保《きょうほう》二年（一七一七）、四代直重のときは「南伝馬町二丁目町衆ばかり、総勢八十人」とある。この宗恩の時代に支配の町が拡大したのだが、こうした慶弔《けいちょう》には加わっていない。享保十四年、五代直治のときは、支配町々家主、所持地の店衆になっている。

八代直賢のときは、番組内の名主全員、支配する町の家主《やぬし》、拝借地の家守《やもり》、書役《かきやく》などと合わせて六六人に、下槙町《しもまき》木屋忠右衛門貸座敷で上膳を振舞った。

高野新右衛門直孝

高野新右衛門家第一〇代直孝《なおたか》は天明《てんめい》五年（一七八五）生まれ、寛政《かんせい》四年（一七九二）家督を継ぎ、天保《てんぽう》十四年（一八四三）、日光御社参

の大役を終えて引退、翌十五年死没した。父が眼病を煩っていたため家督を継いだのはまだ八歳のときで、父の姉婿前田五兵衛が高野専右衛門と名乗って後見人となった。

八代直賢には子がなかったので、次兄茂雅（高野善次郎）の子徳三郎を養子とした。この徳三郎が直孝の父である。徳三郎改め直昌も病弱であったのか、三七歳で家督を譲り、四二歳で死亡している。直昌は妻運にも恵まれず三人の妻に先立たれている。最初の妻との間に生まれた男子は幼くして亡くなり、二番目の妻、神尾家家臣西田仙右衛門娘くめとの間に、直孝とみねが生まれた。くめの持参金は一六〇両であった。くめは直孝が満二歳のとき、妹みねの産後に亡くなっている。後添えに入った里尾の男子も幼くして亡くなり、里尾も直孝一〇歳のとき死亡している。その後父も死亡、直孝は家庭的には淋しい幼少年期を送っていた。親代わりともなったのが伯母夫婦で、伯母婿専右衛門が後見役を勤めた。享和元年（一八〇一）専右衛門の死去によって直孝直勤となった。まだ一七歳であった。先の土木事業を請け負ったのは直昌が当主で、善次郎後見の時代であった。

直孝はみずからの学習歴を、書を大橋玄龍（隆とも）、大橋龍雲に学び、読書を林家の伊藤平八郎、中島左仲に、和歌は山本清渓に、琴は山登検校松理一、盆砂は望間竹友、また茶道の免許も得ていた。隠居してからは、和歌・狂歌・道歌差別なくひとり楽しみ、名所を訪ねるのを楽しみとしたと記しているが、その時間はわずかであった。

妻はなと中村仏庵

妻はなは御畳方大工《おたたみかた》中村弥太夫仏庵《ぶつあん》の娘である。仏庵は書家として名を知られていた。「草創期の江戸の町と名主」のところで述べたように、中村弥太夫家の初代は三河《みかわ》時代に徳川の家臣となり、家康に従って江戸に出て、御畳方大工・畳町名主となったが、十七世紀後半には名主役を返上している。当時は神田松下町に住んでいた。

直孝とはなの結婚は文化《ぶんか》元年（一八〇四）、直孝二〇歳、はな一五歳、五男四女が生まれた。長男は生まれて間もなく死亡、文化十四年生まれの次男直寛《なおひろ》が父の跡を継いだ。三男は名主嶋田左内の養子となった。四男・五男は幼くして亡くなった。長女いくは文化四年生まれ、五歳より歌曲を習い、はなの妹が屋敷奉公を経験していたので、そのつてで大名家の屋敷奉公をしたのち、木挽町《こびきちょう》の矢田市郎兵衛と結婚した。三女は原幸太郎と結婚、次女・四女は夭折した。

はなは天保四年（一八三三）三月、四四歳で死亡した。直孝の記述によれば、はなは和歌・琴・茶道を学び、性質柔和、家事に心を用い、伯母に孝養を尽くした。弥太夫家を継いだはなの兄は画家として知られた。その妻北沢氏いとは矢田家の八一日間に及ぶ伊勢参宮に同行して、「伊勢詣の日記」を残している。

はなの死後、佐藤氏の娘を母として一男一女が生まれている。

直孝の舅《しゅうと》にあたる仏庵は、公用で何度か日光に赴くうちに、幻の銘石を手に入れた。やがて松平定信《まつだいらさだのぶ》の知るところとなり、定信によって天下第一の盆石という評価を得て、黒髪山と命名された。仏庵はその経過を『黒髪山縁起絵巻』に仕上げた（現在寛永寺所蔵）。定信は退隠後も、「町人には逢給はぬ掟」を崩さず、東照宮《とうしょうぐう》御自筆の書を持っているという御畳方大工中村弥太夫隠居にも会わなかった、と側近が記している。しかし、銘品を、みずからの目で確かめる魅力は捨てがたかったのである。この石はのちに定信のものになったという。

直孝とはなの結婚

文化元年（一八〇四）八月十九日結納、手代《てだい》・人足《にんそく》頭・持人など九人に持たせる。二十一日道具入り、七荷、持人一四人など総勢三三人で運び込まれた。二十三日婚姻、嫁の到着は夜八時ごろ、それに先立って婿入りが行われた。嫁方から駕籠《かご》かき・挑灯《ちょうちん》持ちなど含めて供のもの二三人、婿方からは手代二人、町抱四人が中橋まで迎えに出た。料理は室町の百川《ももかわ》茂左衛門に頼んだ。「一式三両二分」とある。

祝い物は四〇か所以上から届いた。支配との関係でいえば、町内年寄年番《ねんばん》、南伝馬町一丁目・二丁目・三丁目、松川町から二、三〇〇疋ずつ、松川町居付三人・定使・二丁目帳付・支配書役・髪結・馬持などであった。名主は五番組の名主飯田藤五郎・中野五郎兵衛のほか本銀町明田惣次郎などである。十月十八日と十九日、お祝いを貰ったところ八六軒、支配内家主など六一軒に赤飯を配った。

直孝・はな婚姻の前年、直孝の同腹の妹きよ（初名みね）が築地の川北嘉四郎家へ嫁いだ。直孝は当主として事にあたった。八月二十四日結納、十月十八日かね付け、かね親は母方の伯母である。同二十九日、道具九荷を送り出した。持人など二七人。十一月一日、昼間婿入りがあり、暮れ時、供のもの一九人とともにきよを送り出した。婚姻祝儀無事終了し、散会となったのは明け方の四時ごろであった。

寛政改革と名主の掛役

高野家が公私ともに多難であった時期、名主一般もきびしい状況におかれていた。享保改革のとき、名主は一代限り、跡役補充せずときびしい申渡があったが、名主組合を作り、相互に規制しあうことで従来の地位は守られることになった。しかし、寛政改革においては、町奉行所の判断によって名主の首のすげ替えが実行された。九番組の名主五人が身持ちが悪く勤め方が悪いと退役させられ、代わりに人柄がよく、職務出精のものが任命された。それまでの町の支配は倅などが支配することになった。名主給の少ないところは、近隣の名主の付け支配となった。旧慣を尊重する時代にあって、町からの申請を受けて町奉行が任命するという慣行を否定する方式にはかなりの決断を要したのではないだろうか。西応寺町では、慣例を破って、西応寺の了解なく名主の任命を実施した。

平行して寛政二年（一七九〇）、町奉行所・町年寄の勤務評定を経て、名主番組ごとに二、三名の肝煎《きもいり》名主を任命した。肝煎名主は名主の上席にあって組合内名主の指導的立場に立つとともに、和合に心がけ、諸入用の節減を図ることを職務とし、意見の具申も求められた。名主相互の規制を強化するとともに、寛政改革の実務に動員されていった。

寛政改革のもとでのもう一つの特徴は、さまざまな掛役《かかりやく》を設けたことである。従来から、日用札の交付や監督、紛失物吟味など、営業上の規制を名主が補っていた。それは支配する町の統制と不可分であった。しかし、この時期の掛役はより踏み込んで、市政の一部を分担するものであった。寛政三年（一七九一）三月、町奉行所の中に諸色取調《しょしきとりしらべ》掛《かかり》を置き、六二人の諸色掛名主を任命した。この仕事は臨時の役であった。最初の仕事は、銭相場が引き上げられているのに、銭立ての物価はいっこうに安くならないので、相場に見合った物価を指示することであった。寛政五年には米・麦・大豆・味噌・砂糖などの食品、薪・紙・糸・わらじなど日用品の物価調査が命じられた。

町会所《まちかいしょ》（寛政四年設立の町方救済機関）設立後、町会所定掛《じょうがかり》肝煎年番名主が任命された。そのほか桶樽職役銭取扱掛・肴役所取締役・青物役所取締役・卵撰立所見回り・菓子職人触次掛など御用納入システムを補完する掛役が設置された。また出版統制政策の一環として一・二・四番組の肝煎名主七人が一枚絵類改掛《あらためがかり》・絵入読本《えいりよみほん》改掛に命じられた。

直孝の活躍

〔名主上席として〕

文政元年（一八一八）、直孝は肝煎名主見習いを命じられた。文政元年といえば、伯母婿が亡くなって独り立ちしてから一八年、年齢も三〇代の半ば、周囲の信頼も生まれていたであろう。名主の退役がなければ肝煎名主も交代しなかったということなので、直孝はずっと見習いのままであった。

天保二年（一八三一）、形骸化していた肝煎名主はそのままに、世話掛名主が新設された。職務として指示されているのは名主の風儀取締りであった。五番組では鈴木町名主和田源七と直孝の二名であった。

文政七年からは、町会所定掛肝煎年番名主に任じられている。この職は町会所と町とのパイプ役で、肝煎名主が任命されているポストである。

〔諸掛り〕

直孝がはじめて就いた掛役は、文化十年（一八一三）の桶樽職役銭取扱掛であった。幕府御用の桶樽供給の仕組みはいくたびかの変遷があった。古くは桶町の国役《くにやく》として職人が江戸城へ出仕していたが、職人の散在とともに、役銭を徴収して職人を供給する請負方式となり、十八世紀末には桶樽職二七組の組頭が役銭を徴収し、それで職人を雇いあげて提供していた。寛政六年、賄所が製品を買い上げることになり、組頭方式は廃止となり、桶樽職組合の月行事が取り集め、町奉行所へ納入することになった。こうした制度の変更を受けて、職人の増減を把握するため、名主八人が桶樽職役銭取扱掛に任命されたのである。当初は南伝馬町三丁目小宮善右衛門が勤めており、直孝が就任したのは文化十年であった。天保十三年は直孝の当番の年であった。毎月二十日までに、桶樽職組合の月行事が名簿を届けてくる、それをもとに二十五日までに役銭を納入させ、奉行所へ届ける。役銭は表店のものが年間一二〇〇文、裏店のものは六〇〇文、それを月割りで上納させた。かなり細かい作業となる。桶樽職人は市中全般に散在しているのに、任命された名主は神田・日本橋地区に限られている。相互に不便だったのではないだろうか。天保十二年末の問屋仲間解散によって桶樽職役銭は廃止となった。

〔絵入読本一枚絵絵草紙改掛〕

直孝は文政七年、絵入読本一枚絵絵草紙《えぞうし》改掛（絵入読本等改掛）に任命された。この掛は桶樽職役銭取扱掛と違い、天保改革のもとで重視されていった掛役である。書物問屋《しょもつどんや》が扱う一般学問書については検閲体制ができあがっていた。地本《じほん》問屋の扱う一枚絵、草紙類の統制を行うため寛政十二年に一枚絵並刷物の類の検閲を、一・二・四番組の肝煎名主に命じた。その後、絵入読本改掛、絵草紙改掛などの名称が出てくる。

直孝が絵入読本一枚絵絵草子改掛を受けたとき、同役には明田惣蔵・竹口庄右衛門・樽屋三郎右衛門・多田内新助・和田源七がいた。天保十二年絵入読本等改掛と兼帯で書物掛名主に任命された。天保十四年、狂歌・発句《ほっく》・怪談・遊話、香・茶・挿花・碁・将棋・料理にいたるまで新規に出版するときには奉行所の検閲を必要とした。絵入読本改関係では、草双紙は掛名主の専決、綴本や戯作《げさく》ものも不適切と判断したら相談する必要なし、江戸絵図・道中記・名所記なども掛名主の専決とするなど掛名主の裁量を広げた。三か月交代とあるので、当番のときは独断であった。それなりの教養を持っていたとはいえ、町役を勤めるものに自己の作品の改変を命ぜられる作家のほうは気が治まらないであろう。曲亭《きょくてい》馬琴《ばきん》は改変を求めた改掛和田源七を、その日記の中で痛烈に皮肉っているという。

〔三十間堀の浚渫〕

文政八年から十一年にかけて、高野新右衛門直孝は三十間堀浚渫《しゅんせつ》への出役を命じられた。三俣築立てのときは伝馬役の請負であった。このたびは奉行所と現場との調整役であったから、荷の重さは違っていた。文政八年、町年寄樽吉五郎より直孝と新両替町名主池谷権兵衛が呼び出され、横川とも三十間堀の浚渫、石垣修復の見積りを命じられた。九年の十二月、喜多村・奈良屋同席の場へ見積書を提出した。三十間堀一丁目から木挽《こびき》町七丁目までと、水谷町から真福寺橋までの堀と合わせて六八二間、川幅平均二三間、左右二間ずつを築立て、河岸地を造出、中央十間分は水深六尺、その両側は三尺という仕様で、七〇五四両と積算した。一方、新たに築立てた貸地の地代として二二一両を見込んでいる。

文政十年三月、工事のゴーサインが出て、直孝のほかに鈴木町・新両替町・北紺屋町・五郎兵衛町の名主が出役を命じられた。五月に入札があり、船松町一丁目の店借紋右衛門が五六四九両二分で落札した。五人中最高値であったが、他のものが信用できないということで決まった。のちに堀の折れ曲がったところの沼地を処理するため、七〇二両の増額が認められた。町年寄の算定によれば、経費は築立てた河岸地の地代一二六、七年分である。

その間の浚渫も必要であろう。すべてを賄えないとしても、土地の造成によって収入を上げ、公的支出を抑えようという方式はなお期待されていた。

文政十一年三月、工事は竣工した。出役を命じられた名主は、早朝から深夜までかかりきりであったと褒美金三両を支給された。直孝と池谷権兵衛は、工事の始まる前からご苦労であったとして金五〇〇疋（一両一分）を加えられた。そして必要に応じてすみやかに人足を手配したろ・せ・も・す組の人足頭たちをねぎらうよう指示している。出役の役割は、町方・勘定方と人足頭などが束ねる現場との調整を図ることだったのであろう。

天保改革と名主

物価引下げ

天保改革のキーワードは物価引下げと風俗取締りである。その政策を実行するため奉行所に市中取締掛を置き、市中取締掛名主・諸色調《しょしきしらべ》掛名主を任命した。市中取締掛名主の任命は天保十二年（一八四一）十一月三日、安針《あんじん》町名主雄左衛門ほか三〇名、名主番組一組に一、二名であった。諸色調掛名主は翌年正月、本町三丁目文左衛門ほか二六名に命じられた。この二つの掛役《かかりやく》は、まもなく兼帯となり、市中取締掛・諸色調掛名主四一名で出発した。さらに、名主全体の取締りのため、深川熊井町名主理左衛門他二名に「惣名主上席」を命じ、特権的地位を与えた。高野新右衛門直孝は天保十二年十一月市中取締掛に任命され、倅《せがれ》に引き継いでいる。

この間、物価引下げ政策の中心になる株仲間解散令が公布される。天保十二年十二月、文化十年（一八一三）以来株数を制限し、冥加金《みょうがきん》一万二〇〇〇両を上納してきた菱垣廻船《ひがきかいせん》積《つみ》仲間の解散を命じ、仲間株札とか問屋仲間とか組合とかの呼称を禁止した。問屋の株化による占め売り、仲間同士の取引による中間マージンなどが物価引き上げの要因と見たのである。年が変わって三月には、より徹底させるために、問屋という呼称も禁止し、菱垣廻船積仲間以外も対象とした。冥加として上納してきたもの、無賃人足の提供、駆け付け人足などすべて廃止とし、生産地への前貸しも禁止、湯屋・髪結床の仲間組織も解散とした。このとき桶樽職役銭も廃止となった。

諸色調掛名主の最初の仕事は、髪結仲間《かみゆいなかま》や八品商《はっぴん》、餅《もち》菓子・団子などの食類販売者の鑑札取り上げ、名前帳の破棄であった。札差《ふださし》も例外ではなかった。町年寄のところにあったそれぞれの名前帳面が諸色調掛のもとに渡され、組ごとに呼び出してその手続きを行った。当初は物資の適正値段の算出を諸色調掛に期待したようであるが、それは無理というべきであろう。まずは物価調査が命じられた。まず、味噌・醬油・塩・水油・薪など日常必需品一〇種目の調査が命じられた。その後、一〇〇項目にもなろうかという品名を挙げ、諸色調掛名主のくじ引きで担当品目を決め、調査に当たった。この方式ではそれぞれが広範囲の調査をしなければならず不合理だということになり、名主番組ごとの調査に改められた。

物価引下げを担当する名主が選ばれても、結局実際に働くのは個々の名主たちであった。問屋という字がまだ看板に残っているか、調査するのは名主であった。実際に値段が下げられているかどうか、把握できるのも名主であった。しかし、町奉行を頂点とする支配機構がどう踏ん張っても、江戸の経済活動を動かしていたさまざまなレベルの仲間組織の代わりを務められるものではない。

地代店賃引下げ

地代店賃の上昇が営業の負担になり、物価を引上げているという判断から、地代店賃の引下げが政策課題となった。その目標としたのが、物価と同じく寛政期の地代店賃に戻すことであった。そのため、調査は、寛政期の地代店賃、現状、引下げ額を一筆ごとに書き上げ、一町ごとにまとめるという膨大なものになり、名主の負担は大きかった。五〇年ほども前のデータが失われているところも多く、サンプルをもとに、一律に引下げ率を決めて実施するところが多かった。問屋層の集まる中心部をはじめ、社会救済的に地代店賃の引下げが行われた。問屋仲間解散など、現状に逆らった政策によって経済活動が停滞している状況に、いっそうの拍車をかけたのではないだろうか。

土地政策としては、この時期二つの大きな変化があった。一つは家質の手続きである。従来、家質も売買証文の形をとり、利子とか期限とかは、借り手を家守として同時に作成される家守証文に記された。そして本沽券状は名主に預けられた。名主による不正が生じる要因となっていた。天保十三年（一八四二）以降、借り手・利子・期限などを記した名実ともに備えた家質証文が作成されることになった。

もう一つは武家の町屋敷所有である。一言でいえば、武家の町屋敷所有は黙認されてきた。しかし、手続きの煩雑さや、町の構成員になることへの慮りなどから、町人、特に町人の女名前を使うことが多かった。天保十二年十二月、町人名前で借りることを禁止し、本人名義とするよう命じた。ここには「武備手当てのため」という文言もある。この結果、売り主にせよ買い主にせよ、武家も町の保証人である五人組や名主と名前を並べることになる。さまざまな場で身分の同化が進行していった。

風俗取締り

当時の風俗取締りの様相を物語る史料がある。天保十三年（一八四二）八月五日、南町奉行所より市中取締掛・諸色調掛名主へ緊急の呼び出しがかかった。老中《ろうじゅう》水野越前守から町奉行に対し譴責《けんせき》があったというのである。奉行所では恐れ多いことだがといって老中の申渡を名主たちに見せた。問屋組合停止を命じているのにいまだ自由営業に文句をつけるものがいる、物価は下がっていないではないか、隠売《かくればい》女《た》・女髪結も横行している、担当の町年寄の落ち度ではないか、町役人に触の趣旨を徹底し、町役人は店々裏々まで一戸一戸取調べ、二十日までに調査結果を提出するようにというものであった。

町奉行は老中のきびしい態度をそのまま市中取締掛・諸色調掛名主へ申し渡した。それを受けて、市中取締掛・諸色調掛名主は雛形をつけて名主のところへ下した。上位の権威を振りかざし、上から下へ順繰りに責任が転嫁され、結局名主が責任を取らされるという状況に変わりはない。

女髪結についていえば、町では木戸の入り口に「女髪結はいるべからず」の張り紙をし、髪を結わせたものも、結ったものも捕まえて坊主にしたという風聞が流されるなど、過剰な反応があった。なぜ女の髪結が風俗を乱すのか。一つは、女の身だしなみは自分でやるべきことで、金銭を支払ってやることではない、さらに、役者や遊女に真似た髪形にすれば、衣服も化粧もそれに合わせて派手になるというのである。取締りの対象は、「売女がましい」行為に限定されているわけではなかった。このような行為を「風俗を乱す」行為とすれば、風俗取締りの対象は際限もなく広がっていく。目の敵《かたき》にされた女髪結は、嘉永《かえい》六年（一八五三）に再度女髪結教諭が出されてからは、際立った禁令は出ていない。とどめることのできない風潮だったのであろう。

名主の不正

町奉行所から大きな期待をかけられていた名主はどのような状況にあったのだろうか。天明三年（一七八三）、南伝馬町一丁目名主吉沢主計は何千両という不正な引き負いをして出奔した。草分名主・御伝馬役という、町人のトップに立つものであっただけに、大きな波紋を広げたのではないだろうか。この事件ではもう一人、出奔した名主がいる。下谷御切手《ごぎって》町の名主太四郎である。主犯格の佐兵衛の関係者のようである。

この時期、町内の困窮者に斡旋した朝鮮人参の代金やお救い米代金を持ち逃げした浅草日輪寺門前町名主など、名主の不祥事が後を絶たなかった（「記事条例」十三）。こうした事件は名主の不祥事であるが、個人的な犯罪行為であった。天保期になると、深刻な町との対立が見られるようになる。

天保十一年（一八四〇）、本所入江町名主藤十郎支配七か町の家主は、名主と名主と結託した家主の退役を要求する張札《はりふだ》を南町奉行所と町会所に張って、自分たちの要求を世間に訴えた。告発の内容は、梵天祈禱料を強要し、売女を見逃して運上を出させる、にせの人別でお救いを不正に受給したなど九項目にわたっている。要求は部分的に通り、名主の退役、先代の名主の所払いとなったが、告発者の側にも処分者が出た。

下谷御切手町の場合は、家主同士が対立し、別々の名主の支配を受ける事態になった。下谷御切手町は御切手同心が拝領した町で、当時は近隣山崎町の名主藤七の支配となっていた。地主は下級御家人、まさに家主の町である。家主の一人七兵衛は町役を勤めず、町入用も払わないなど、何かと町内を騒がせていた。ほかの家主たちは、名主もそれを黙認していると、名主と七兵衛を訴え、内済で七兵衛は町入用を払って退役ということになった。事はこれで終わらず、名主藤七は、出訴した家主たちを支配することはできないと主張し、一〇人の家主のみを支配し、残り三〇人の家主は組合持となった。その後、組合持は何かと不便だと、一人、二人と藤七の支配を望むものが出てきた。藤七を排斥した家主も交代していき、八年後、地主のはたらきかけもあって、ようやく元に戻った。

下谷御切手町は拝領町屋敷で、名主も定着していなかったために統制が利かなかったといえるが、六番組では草分名主加賀町の平四郎が役料の不正受給について捨訴《すてそ》されている。背景には、町入用の軽減、明朗会計を望む地主の意向もあったと思われる。

維新期の名主

幕府解体期の名主

救済事業と名主

江戸では町会所積金《まちかいしょ》による大規模な「お救《すく》い」（米・銭の支給）によって市民の命を守り、政治的な矛盾の爆発を回避してきた。天保期《てんぽう》には三〇万人、四〇万人におよぶ救済が頻繁に実施された。救済されたものの数は、人口の七、八〇％にも達している。お救い対象者の調査、お救い米・銭の受け取りと配分、また富裕層への施しの督励など名主の職務の一つであった。

嘉永《かえい》四年（一八五一）、米価高騰・風邪流行に対処してお救い米が支給されることになった。南伝馬町へは三月六日、明後日支給するので、名主支配ごとに、一軒別に米を入れるものを用意し、家主《やぬし》の印のあるお救い札を持ち出頭するようにという通知があった。八日、暁《あけ》七つ（午前四時）、高野新右衛門直寛《なおひろ》は倅とともにお救い対象者を引き連れ向柳原（台東区浅草橋）の町会所へ出頭した。ついたときは六つ（午前六時）になっていた。町ごとに順ぐりに呼び入れられ、成年男子一人米五升、一四歳以下六一歳以上の男子と女性は三升ずつ支給された。直寛支配の町々から申請したお救い対象者は、五か町で男六九八人、女七〇五人であった。渡し終わったのは正午を過ぎていた。夫婦と子ども一人で一斗一升、かなりの重さである。各町々が同じように受け取ったとすれば、大変な混雑ぶりであったろう。

実は、各人が家ごとに町会所から直接お救いを受け取るというのはこのときがはじめてだったのである。それまでは組合ごとにまとめたりして、名主・月行事《がちぎょうじ》が受け取ってきた。天保八年（一八三七）の記事では、運送賃を後払いで町会所が負担することになっている。受け取ってきた翌日、各人に割り渡されるのであるが、そのときには奉行所の三廻り（定廻り・臨時廻り・隠密廻り）が巡回することになっている。いつからそのようになったのか不明だが、トラブルが発生していたことを類推させる。臨時の大規模な救済がしばらく行われなくなって、嘉永四年に家族単位で受け取りに行くように変えられた背景には、名主をはじめとする町役人への不信があったのかもしれない。

当主が病気などの場合、なるべく他人に頼まず、家族のものが受け取りに来いというのだから、女性の割合も高くなる。安政《あんせい》五年（一八五八）、妻や娘が受け取りに出るとき、不相応な衣服を着ないように、慶応《けいおう》四年（一八六八）には目立つ衣服、鼈甲《べっこう》や銀のかんざしなどを付けてこないようにと念押しをしている。施しを受けるものにはふさわしくないということである。

祭礼中止

慶応元年（一八六五）五月、一四代将軍徳川家茂《いえもち》は長州征討の勅許を得るため京都へ向って出立した。将軍不在のために、恒例の神田明神祭礼は中止となった。

神田雉子《きじ》町名主の斉藤月岑《げっしん》の日記によると、神田明神の祭礼中止が寺社奉行から神田明神神主に伝えられたのは八月十七日であった。従来のスケジュールでは、六月に町年寄から祭礼取締掛名主の任命があり、八月には附祭（踊り子や楽器の演奏者を伴う一団の行列）担当の町も決まり、仕様書を提出、各町々の山車《だし》のテーマも決まり、費用の徴収が始められている時期である。当然、中止に対する不満は予測された。山車や練りものの準備は大規模なものである。名主たちは本当に気がつかなかったのだろうか。

当日の様子は、月岑などの予測をはるかに超えるものであった。「出し十八本、出し人形も出す」「神田御参詣錐を立てるところなし」「筋違橋広場いっぱいの人にて押し分けられず」。当然無事には済まなかった。名主たちは呼び出され、若いものの吟味がゆだねられた。十月、若いもの四五人に過料五貫文、行事三六人に過料三貫文、名主一〇人に過料三貫文が課された。若いもの四五人が仕掛け人であろうか。

神田・山王両社の祭礼は天下祭りとして公の行事であった。すでに、若者組などへの統制が行き届かなくなっていたことが指摘されているが、月岑の日記から伝わってくるのは参詣人の熱気である。

名主への不信

慶応二年九月上旬のこと、麻布桜田町の鋳掛師《いかけし》金三郎が、名主の箕輪《みのわ》十兵衛に食ってかかった。米の安売りがされることになり、誰もが安い米を買いたいと思っているのに、町内に困窮者は四、五軒しかいないと届け出ている。町内に困窮者がもっといることを承知しながら、申請を少なくすることがお上への奉公だなどというのはけしからんと口論になった。腹立ちのあまり、金三郎は出刃包丁を持ち出し、切りかかり、通りがかりの加役《かやく》の手先に捕縛されてしまった。町内家主が詫びを入れて縄を解いてもらった。騒ぎを聞いて隣町からも店借の衆が集まってきて、金三郎を援護、困っているものがこんなにいるのに家主連中には見えないのかと金三郎を英雄扱い、家主たちは後始末のために出費を強いられ、名主は笑われ者になったという。

このころ、町奉行所は、お救い対象者の名簿作成の責任者である名主に対し、再三、調査を厳密にするよう指示している。高野のところでも、転出した家族の訂正をしている。こうしたことも、名主と店借との対立を深めたのではないだろうか。

この背景には恒常的な名主への不信とともに米の安売り令がある。八月下旬、米価高騰に対処するため、町会所で米を放出し、銭一〇〇文に米二合五勺《しやく》の割りで販売すると触れ出した。お救いといいながら二合五勺売りとは高すぎると思われていたうえに、本当に困っているという証明が必要だとか、権威がましくいうことに不満が渦巻いていたのである。このときのお救い対象者は八万人に満たない人数で、三〇万人、四〇万人という規模からいえば、きわめて少ない人数であった。この件では入札に出向いた飯屋と町会所役人とが争い、入札延期になるという事件も生じていた。

少し前のことだが、天保七年（一八三六）、上野広小路の米屋が米を売ってくれないのに腹を立て、その米屋を打ち壊し、その足で名主のところへ行き、俺は今米屋を打ち壊してきた、俺を捕まえるか、それとも家で待っていようか、どうすると難題。名主はともかく家で待っていろという。その後事件が明らかになった結果、米屋の不売行為として処罰されることになってしまった。

四谷鮫河橋でも、米屋や油屋を打ち壊し、どうぞ存分のご処分をと自身番屋《じしんばんや》に出頭してきたものがいたという。政情不安を背景に、米価高騰を受けて、町民の名主や家主など末端の町役人への不信が募っていた。

お粥騒動

慶応二年（一八六六）、江戸で打ちこわしが発生した。五月二十八日夜、品川宿で質屋など四十数軒が打ち壊された。そこから芝・麻布へと波及したが、神田の塗師《ぬし》町・三河町・乗物町、日本橋の新和泉町・堀留町・瀬戸物町・品川町などの中心部で発生し、牛込・四谷・赤坂・内藤新宿、本所《ほんじょ》など周縁部においても発生した。この動きは六月六日ごろには静まったが、九月になり新たな動きが起こった。

九月上旬から、店借《たながり》のものたちが一〇〇人、二〇〇人と集まり、近隣の商家から施しを受け、炊き出しをして飢えを凌ぐという行動に出た。

老幼男女の窮民が一町ごとに大勢集まり、町名を記した紙の幟《のぼり》を押したて、富裕な店の店先で、大道に伏し、物価高騰で露命をつなぎかねている、どうぞお助けをと哀願する、やむなく米・味噌・さつまいもなどを施すと、車に積み込み、またまた幟を立てて町ごとに練り歩き、産土神《うぶすながみ》の境内で大釜を据え、粥を炊き、一同食べあったというのである。当

図15　お粥騒動（『幕末江戸市中騒動記』より，東京国立博物館所蔵）

時の人は、これをお粥《かゆ》騒動と名付けたという。

下谷通新町では、大勢の窮民が真正寺境内に集まり、近隣の米屋・酒屋に無心を申し入れ、釜を持ち出し、粥などを炊いて食事を振舞った。なんとか騒ぎを抑えようと家主たちは自分たちで出金し、二合五勺の米が買えるよう補助することにした。しかし、納まりきれないものたちもいて、舂米屋《つきごめや》が殴られる事件も発生した。

日本橋松島町の杉の森稲荷境内でも、男女子ども連れ三、四〇〇人（一説には七〇〇人）が集まってきた。祭礼のとき使う大鍋を持ち出し、四、五人連れだって

生活困窮を訴え、助力を求めた。九月十五、六日のころのことである。

麻布善福寺から騎馬で王子へ遊山に出かけた女性連れのアメリカ公使一行は、帰途、上野広小路で窮民の集団と出会ってしまった。浅草方面へ抜ける道筋、一行を囲む人数も増え、危険な状況になった。やむなく護衛の別手組が抜刀して難を避けたが、町人に傷を負わせるという事件になった。

オランダ人が宿泊する芝高輪《しばたかなわ》長応寺では窮民・女子供多数が屯集し、麻布宮村町竜沢寺《りゅうたくじ》境内では貧窮人男女・子ども打ち混じり一〇〇人ほどが屯集するなど女性の姿が記されているのも特徴である。慶応二年九月の騒動のかわら版や絵巻には子どもを背負った女性の姿も見える。お救いの受け取りに入れ物を持って、相店《あいだな》の衆と一緒に奉行所に出かけていく、同じような感覚であったのかもしれない。「お粥」を作る場面で煮炊きしているのはもっぱら男性である。女性たちはお粥をよそったり、お菜を分けたりと食べる側にまわっている。

騒動は町奉行による炊き出しが終った九月二十四日ごろには鎮静に向かった。徳川家茂の死去が明らかとなり、遺骸が江戸に到着したのが九月六日であり、慶喜《よしのぶ》が一五代将軍に就任するのが十二月五日であった。こうした政治的空白の時期に、みずからの命をつなぐために行動した一つの形であった。

名主の役目

このような状況のもとで、まず名主に期待されるのは町内の安泰である。将軍江戸不在のまま年が明けて、町内の取締りが一段と強化された。夜中の見回りも欠かさず、木戸を閉めるのはいつもより一刻早く夜八時、送り拍子木《ひょうしぎ》で通すことになった。もし徒党、乱暴者が抵抗した場合、傷を負わせたり殺してしまったとしてもやむをえないとしている。

打ちこわしが発生したさなか、取り締まりに当たっていた町奉行所組のものと、市中警衛を任されていた庄内藩酒井家の配下のものが衝突し、町奉行所同心《どうしん》の五島録蔵が切り殺されるという事件が発生した。町名主斎藤月岑《げっしん》住居の足元である。この事件で、同心たちは町に逃げ込み、名主たちは夜を徹して対処した。

慶応二年（一八六六）五月の打ちこわしの発生を受けて急遽お救い銭を支給することになった。独身者は男女とも一人一九〇〇文ずつ、二人以上は三歳以下を除き一人一一〇〇文ずつであった。東叡山領町々では、男女子どもの差別なく、一人銭六〇〇文が支給された。先ほど述べた一〇〇文に二合五勺の「安売り」は評判が悪かった。もう一つの対策としてお救い小屋の設置があった。お救い小屋が間に合わないうちに、「お粥騒動」が発生し、急遽、回向院《えこういん》など五か所の寺院で炊き出しをし、握り飯を配った。お救い対象者の調査、決定、受け渡し、そして富裕者からの施しの奨励など、名主の仕事は山とあった。騒動が沈静化してから、奉行所は世話掛名主に対し、この騒ぎに対する町々名主の対応の仕方を報告させている。町内からも攻撃され、奉行所からも監視される立場であった。

町人の武装化

将軍家茂と皇女和宮の婚姻が成立して、公武合体の政治変革の動きが見られる一方で、幕府の軍制改革もめまぐるしく行われた。

文久《ぶんきゅう》二年（一八六二）の軍制改革で歩兵・砲兵・騎兵の三兵体制が成立した。歩兵は銃剣で武装した徒歩であった。大手前・西丸下・三番町・小川町に兵舎を設置し、集団生活・集団訓練が始まった。歩兵の多くは、旗本《はたもと》の知行《ちぎょう》所から集められてきたものであった。江戸には「兵士」である武士が集住していたが、集団生活はしていない。新たな「住民」の誕生である。

治安が悪化しつつあった江戸市中において、歩兵はトラブルメーカーであった。歩兵の補充に当たって、人宿《ひとやど》に依存したこともその一因であった。のちのことになるが、慶応三年（一八六七）任期がきて解雇された歩兵たちが、お粥騒動さながら、屯集し、大釜を持ち出し、米の拠出を強要し、炊き出しをしている。

市中取締りのためにも、さまざまな組織が作られていた。文久元年、外国人警衛のために幕臣の子弟で組織された別手組は、のちに市中の警衛にもあたる。文久三年には、佐竹・酒井など大名五家に市中巡回を命じた（のちに酒井家一手となる）。浪士《ろうし》組から別れた浪士たちによって組織された新徴《しんちょう》組は酒井の配下に入った。幕臣の扱いであった。

慶応二年七月、新たに歩兵一〇〇〇人を募集することになったが、これは町人を対象とするものであった。一七、八歳から五〇歳くらいまで、一か年の給料一八両、衣食付である。一般公募の町人を歩兵組のもとに組織して、長州戦争による市中取締りの弱体化を補おうとしたものである。希望者の集約、請人の手配、歩兵屯所へ同道するなど、名主の働きなしにはことは進まなかった。一方、慶応二年八月、幕府番方によって組織された遊撃隊も市中巡邏《じゅんら》を命じられた。

押込み強盗が頻発する状況に対処するため、取締りの一本化を図る動きもあった。町奉行所は、最寄ごとに、配下の同心とともに歩兵を配置し、町役人も交代で詰める、費用はさしあたって富裕者が拠出するという構想を示したが、一本化はできなかった。むしろ、陸軍方市中取締誠忠隊、市中取締狙撃隊など、相互の衝突が危機を助長する有様であった。

慶応三年（一八六七）冬、市中取締りがいよいよ困難になってきた状況の中で、町火消《まちびけし》人足《にんそく》を町兵に取り立てることになった。町奉行所の手のものだけでは到底間に合わず、一般公募の歩兵たちはむしろ騒ぎの張本人であった。町火消たちに砲術訓練を施し、市中取締りにあたらせるというものである。当初町火消人足の三分の一を予定していたが、集まりが悪く、すべてを対象として、その三分の一ずつを徴集することにし、木戸番人など町抱えの番人も対象とした。町抱えの番人は身元が確かであるという理由である。

歩兵と違って、服装は従来通り印つきの火事場半天《はんてん》に股引《ももひき》、頭巾、食事つき、一か月の給料二両二分、それでも町火消人足たちに歓迎はされなかったようである。人数の手配や、屯所の設置、とりあえずの費用の手当てなどが名主に命じられ、訓練などには壮健な名主の付き添いが求められた。雉子町《きじちょう》名主斎藤市左衛門の倅喜之助は鉄炮訓練に狩り出されている。まだ見習いで火事場出役の衣服が調っていなかったのか、早速鉄炮稽古の衣類をあつらえている。さらにこうした火消人足の不足を補うため、店人足の再組織が命じられた。

それぞれの慶応四年

新政府の成立

その年、明治《めいじ》と改まる慶応《けいおう》四年（一八六八）、新年早々鳥羽《とば》・伏見《ふしみ》で幕府軍と倒幕軍との戦争が始まり、幕府軍は敗走、徳川慶喜は大坂から蒸気船で江戸へと逃れた。ただちに慶喜追討令が出され、徳川の官位・領地は没収された。政局の大勢は決まった。

江戸では、上様還御《かんぎょ》の町触《まちぶれ》とともに、薩摩藩主を逆賊とし、潜伏薩摩藩士の討伐を命ずる町触が出されているが、巷では、上様は長い京都暮らしで油が抜け、早速うなぎを所望された、江戸へ到着した夜は布団もなく毛布にくるまって過ごされたなどの話が伝わって、徳川の権威は失墜していた。

江戸に戻った慶喜はひたすら恭順の意を表し、二月十二日寛永寺へこもり、四月江戸開城とともに水戸へ立ち去った。五月、上野彰義隊《しょうぎたい》の戦争は一日で決着した。このあと、寺社《じしゃ》・町・勘定《かんじょう》三奉行《ぶぎょう》が廃止され、町奉行所は市政裁判所となった。七月には江戸は東京と改められ、東京府の発足は八月、府庁舎は幸橋御門内柳沢藩邸に置かれた。九月、町年寄《まちどしより》はお役御免となり、東京府庶務方に組み入れられた。十月天皇東京城へ着輦《ちゃくれん》、翌年再幸、太政官《だじょうかん》も移され、事実上東京が首都となり、江戸城は皇城となった。

明治二年（一八六九）三月、名主制度が廃止となり、町々は五〇区に編制され、中年寄・添年寄がおかれることになった。中年寄・添年寄は名主のうちから任命されたが、それでも六〇％以上のものが職を失った。

斎藤市左衛門幸成

斎藤市左衛門幸成《ゆきしげ》は祖父・父の事業を引き継いで『江戸名所図会』を完成、刊行したことで知られる。斎藤市左衛門家は、代々雉子町《きじ》の名主を勤めてきた家である。雉子町に草分《くさわけ》屋敷六〇坪弱を代々所持してきたという（神宮文庫所蔵「類聚撰要」五七「雉子町水帳写」）。雉子町が元和《げんな》年間（一六一五―二四）、雉子橋御門外からこの地に移されたとすれば、元和以来の居住者である。しかし草分名主ではない。雉子町の土地は元禄年間（一六八八―一七〇四）に売却するが、以後も雉子町に住み、三河町三丁目・同裏町、三河町四丁目・同裏町、四軒町の名主も勤めた。代々青物役所取締役を勤め、諸色掛、世話掛、市中取締掛などの掛役を勤めた。

幸成は月岑《げっしん》の号を持ち、文化面での活動もよく知られているが、名主を勤めた期間は、文化十五年（一八一八）、一五歳のときから明治二年（一八六九）名主制度が廃止されるまでの五二年間、新制度の下での中年寄や戸長の期間を含めればきわめて長期間にわたっている。一生を名主として過ごしたといっても過言ではない。幸成は『東都歳事記』『武江《ぶこう》年表《ねんぴょう》』『百戯述略』「類集撰要」などの著作とともに、文政十三年（一八三〇）から明治八年までの日記を残している。二六〇余年続いた徳川の世から明治へと変わったそのとき、名主たちは変わる時代にどのように対応していたのか、『月岑日記』から読み取っておきたい。

江戸城主の交代

慶応二年（一八六六）、将軍徳川家茂は大坂城で亡くなり、はるか遠くで新将軍が誕生していた。慶応四年も年頭の参賀はなく、それだけでも江戸の市民は寂寥感を抱いたのではないだろうか。京都・大坂の情報はどのように伝えられたのであろうか、正月二日のところに、「京都合戦始まり大騒動のよし」と書き込まれている。『藤岡屋日記』は正月八日に京都から飛脚が到着したと記している。慶喜の動静、政局の推移に関する記事を『月岑日記』から拾ってみる。

正月七日には慶喜追討令が出されているがその記事はなく、十二日、「上様（公方《くぼう》様を訂正）昨夜上方より御帰り、蒸気船のよし」とある。つぎに慶喜の動静が記されているのは、二月十二日、「上野お成りあり、還御なく、大寿（慈）院へお入りのよし」とある。将軍慶喜が逆賊として天皇から追討使を差し向けられていることを、江戸の市民はいつ知ったのであろうか。追討使が差し向けられたのは二月十四日であるが、「罪を一身に負って朝廷にお詫びを申し上げているので、ひたすら謹慎するように」という上意が町触《まちぶれ》として出されるのは同じ十四日のことである。恭順のため東叡山へご謹慎という町触は十五日に出されている。

水戸退去については、四月十日の項に「上様水戸お立ちのところ延びる」とあるだけ、宗家相続について閏四月二十九日「上様ご相続」、五月二十四日「田安様高七十万石と仰せ出さる」の記事にも、慶喜の動静は記されていない。

東征軍の動向はどうか。三月五日「勅使追々御下向」、三月十八日「本郷いづくらその外官軍宿所」、「尾州侯お屋敷へ官軍入り候よし」、同二十七日「大原侍従品川宿本陣へお着き」、四月一日「柳原侍従様有馬家お屋敷へお着き」、四日「勅使西御丸へお入り」、五日「勅使西本願寺へお入り」、十一日「勅使ご返答のよし」、十三日「勅使お入り」、二十八日「北陸道総督酒井左右衛門尉様お屋敷へ陣替え」などである。

江戸城の無血開城については、三月十五日の江戸城総攻撃を前に、勝海舟《かつかいしゅう》と西郷隆盛《さいごうたかもり》の二度にわたる会談によって合意がなされ、江戸が戦火を受けることなく維新を迎えたとされている。また最近では、かつての将軍御台所であった天璋院《てんしょういん》や静寛院宮《せいかんいんのみや》の尽力も指摘されている。『月岑日記』によってあらためてその経過をたどってみると、戦乱を避ける試みはさまざまに行われていたことがわかる。

三月二日、町奉行から、すでに京都より江戸に向けて軍勢が差し向けられているが、上様はすでに勤王《きんのう》の意思を示しているので、官軍に対し軽挙妄動を慎むこと、これが忠義であるという趣旨の申渡があった。これは印刷されて町々に渡されるとともに、重要なところを仮名交じり文にしたものを作って自身番屋《じしんばんや》に張り出させた。翌三日、幸成は北町奉行所に出頭し、上巳《じょうし》（三月三日）の挨拶も抜きで「ご下向道」の調査をしている。そして、四日、五日、十一日と道筋の心得が通達されている。とはいえ、江戸城総攻撃を前に浮き足立ち、国元に引き上げる手配でごった返していたことも確かであろう。討ち入り見合わせの町触は三月十五日。

柳原・橋本両勅使は四月四日、江戸城西丸へ入った。道筋は池上から品川、高輪からは東海道をはずれて三田・赤羽橋・西久保天徳寺・虎御門・桜田御門であった。四月二十一日、大総督有栖川《ありすがわ》宮の西丸入りも増上寺から西久保・虎御門の道筋であった。政権の引渡しは穏やかに済んだようである。しかし、奥羽《おうう》戦争・函館《はこだて》戦争を思い起こすまでもなく、江戸も混乱著しかった。大勢の官軍が入り込んだこともあろう、幸成一家は、幸成を除き、四月十二日から閏四月三日まで、柳島に疎開している。家族が神田に戻ってからも、近所に押し込み強盗が入ったり、手負いの首を乗せた船が神田川に流れ着くなど、毎日のように殺人事件が発生していた。

東叡山記事

閏四月四日、十一番組の名主たちは、上野門主（輪王寺宮）の京都発足延期を願い出た。幸成は倅《せがれ》喜之助を行かせた。翌日には斎藤家支配の町々が延期願いに出頭した。京都と江戸の仲介役として、また徳川家臣の拠りどころとして、江戸にとどまってほしかったのであろう。この動きはもう一つ別の形をとっている。「上野の柵」の設置である。上野山下の町々、十三番組の名主からの呼びかけで、上野の山を囲む竹矢来《たけやらい》を奉納することになった。十一番組からは一軒前五両ずつ、大口寄付も加えて、総額三〇〇〇〇両を奉納した。

図16　彰義隊戦争で焼失した上野山内（『目でみる東京百年』より）

そして彰義隊《しょうぎたい》戦争については、五月七日鍋島《なべしま》官軍と彰義隊が争う、八日上野表お掛け合いもつれ、彰義隊、御門前町屋入り、混雑のよし。十四日暮れころより筋違《すじかい》御門締め切り、昌平そのほかも締め切り、土俵を築き、官軍人数増加、十五日は雨、昨夜より騒がしく、予測されたとおり官軍が谷中・上野方面へと移動し、戦争。雨中兵火。上野門前の火災は激しく、午後には浅草へと延焼、内神田の斎藤家でも築地の親戚に逃れたくらいであった。名主幸成も、夕方支配する町々を見回ったあと築地で泊まった。翌朝、築地からの道は方々の御門が閉じられていて苦労している。諸市場で品物が払底、諸品、特に米価の値上がりが激しく、臨時のお救《すく》いが実行されることになった。その後上野の記事はなく、幸成が上野の山に入ったのは翌年の花の時期であった。ご門主に江戸滞在を願い、竹矢来費用の名目で三〇〇〇両もの奉納をした名主たちにとって、彰義隊の敗北は、あらためて時代の転換を突きつけられた事件であった。

多忙な日々

慶応四年（一八六八）、新年早々、十一番組名主たちは連日茶屋しがらきにつめている。緊急に求められていたのは火消人足の手配であった。先にも述べたように、火消人足から募集したものに砲術訓練をして歩兵に仕立て上げようとしていた。待遇は悪くはなかった。それでも人集めには苦労したようである。名主は砲術訓練にも付き添わなければならなかったし、とりあえず手当てとか屯所の費用など工面しなければならなかった。斎藤幸成も倅喜之助を砲術訓練に出している。しかし、政変の進行は早く、砲術訓練は二月一日には休みとなり、三日には中止となった。しかし歩兵をはじめとして武装化されたものたちによる暴力行為はあとを絶たなかった。

正月七日、薩摩藩の装束屋敷が焼けた。幸橋御門内の屋敷であろうか、その片付けを命じられた一番組の人足が揃わず延引となった。

また、薩摩藩邸焼き討ち後の敗走者探索が江戸瓦解まで続けられ、そのための人別調査が命じられている。地代店賃・町入用などの調査が命じられているが、そのデータは苦労の甲斐なく散逸したのではないだろうか。

五月、町奉行所の職務は市政裁判所に引き継がれた。八月に東京府が発足し、府知事には烏丸光徳《からすまるみつのり》が任命された。町年寄三人が解職されたのは九月十五日、東京府庶務方に組み込まれた。幕府軍の屯所などに代わって官軍の屯所が作られ、名主たちはその手配に奔走する。他国より入り込んだ軍勢である。大量の布団の調達などに苦労している。その費用は地域ごとの負担ではなく、とりあえず町会所《まちかいしょ》積金で立て替えることにした。積金を集めるのも名主の仕事である。閏四月に入ると、青物役所の仕事も再開している（九月には廃止）。

天皇東幸は賑々しく行われた。九月二十日「今日、天皇様京都御発駕のよし」、十月十三日「今日御臨幸御鳳輦《ごほうれん》品川より御着」。幸成も倅松之助をつれて拝みに行くつもりだったがあまりの人出に行かなかったと記している。天気もよく小春日和の日であった。十一月四日「東京府にてお酒下さる、江戸町々行事名主一同出る、頂戴いたし、昼九つ半頃帰る」、六日「今明日市中商売休、酒飲む」、「下され候お酒開きにつき町々祭りの如し、出しねり物も出る」、十二月八日京都へご還幸、東京はまだ京都に対する東の京であった。

図17　天皇の東幸（錦絵「天盃頂戴」，東京都公文書館所蔵）

浦口清左衛門の日記

松本町は三田薩摩藩上屋敷の表門に面したところにある。北が新堀川でそこにかかる赤羽橋のたもとにある。開港後、何かと話題になる地域である。松本町の名主は浦口清左衛門で、慶応三年（一八六七）から明治二年にかけての日記が残されている。動乱期の名主の多忙な日々がつづられている（東京都公文書館所蔵「公私日記」）。

慶応三年十二月、名主役料《やくりよう》調査や地所調べで連日徹夜の作業が続いている。十一日夜、その前の

強盗事件の始末もつかないうちに、九番組内で五軒の打ちこわし、強盗が発生している。十二日、田町の仙波（太郎兵衛、勘定所御用達）に強盗が入ったことを届けなかったとして奉行所に謝りに出る。十八日には金杉《かなすぎ》橋のうえに生首が置かれていた。市中取締りを命じられている庄内藩酒井家の屯所が飯倉《いいくら》・三田・金杉におかれていたが、そこへ大勢の浪士が押しかけ四、五〇発の打ち合いとなり小使い要助が即死した。名主たちは酒井家と交渉し、要助妻に手当金を出させた。そしていよいよ薩摩藩邸襲撃である。

十二月二十五日朝八時ごろ、甲冑を付けた酒井家のもの二〇〇〇人ほどが町内へ繰り込み、その他他藩の藩士、撒兵《さんぺい》隊（幕府軽歩兵）など多人数で薩摩藩邸を取り囲んだ。双方より発砲し、二〇名の死者が出た。三田通りの火の見、藩邸の長屋に放火されたが松本町は無事であった。両者とも打ち合い、賊徒（薩摩藩士）は田町・品川に放火しながら逃れていった。幕府側も小山島津邸、高輪薩摩屋敷に火をかけ、発砲した。恐ろしい有様で、家内一同狸穴《まみあな》へ逃げさせた。日ごろ出入りのものが駆けつけてくれて、弾が飛び交う中、土蔵の戸締めなどを手伝い、夜も泊まってくれた。夜には三田・本芝・田町・金杉などを見回った。翌日、昨日の始末を奉行所に届け、夜にはまた呼び出された。夕方浦口家に砲丸が打ち込まれた。町内に置き去りにされた死骸五つは酒井家の指図で回向院《えこういん》に送った。二十七日夜、えた数人を引きつれ町奉行所の見回りがあった。二十八日になり家族が狸穴から戻った。

ようやく大晦日、三が日にはつつがなく年始を終えた。十二日、上様御軍艦にて還御。家数人数調査や町兵組織のため連日会合を開いている。火消の頭たちとも会合を重ねているが、町兵の件は難航したようである。人別調査については「無人別者加入の件」と記している。

市中を騒がせたとして薩摩藩邸を幕府の管轄下に置いたものの、江戸の治安は回復しなかった。松本町では大店の鈴木屋に侍風のもの二人、歩兵風のもの五人が銃を持って押し入り、打ちこわし、金銭を奪って逃げた。露月町の名主が高輪の路上で切られ死亡した。金杉では、米屋・質屋・酒屋一〇軒が打ちこわされた。

東征軍受け入れ

そのような中に三月二十六日、薩摩大村益次郎の率いる官軍が増上寺を旅宿とし、四月一日、東海道先鋒副総督柳原侍従が三田有馬邸へ御着陣、四日、柳原侍従・橋本少将・西郷、天徳寺小休みにて入城などと続く。大総督有栖川宮は十五日増上寺御入陣、二十一日御入城。この四月中旬から三田一帯の名主たちは、官軍の宿泊の世話に翻弄される。官軍方と打ち合わせながら宿札《やどふだ》を打ち、とりあえずの炊き出し、夜具・布団を手配し、茶屋などに賄いを依頼した。普通の町家まで動員した。この場合は金穀前渡しで受け入れた。どのくらいの人数分をこなしたものか、十二月も下旬に馬喰《ばくろう》町《ちょう》代官から金穀諸色代金のうち一一八四両、銭二二五五貫文を受け取っているので相当の規模であったことがわかる。清左衛門一行は、両替商中井で換金したあと帰途、雪に見舞われ苦労して運び込み、その夜は徹夜で警戒に当たった。

十月十三日、主上御着輦、東京府役人に付き添い、大木戸《おおきど》にて拝す。十一月二日、賜酒の切手受け取る。四日お酒と拝領もの三品（するめ・かわらけ・瓶子《へいし》）が東京府から配られた。九番組は一七六樽、町内からは五人が受け取りに出た。「腰掛大混雑、町々より旗や幟、花車を出して囃子《はやし》たて、市街ことのほかの賑わい」であり酔っ払いも多く見られた。松本町では、翌五日お酒四樽、するめを一三二人に分けた。一人一升ずつになった。六日、市中商売を休み、飲酒、歓楽、諸方賑わう。七日、徳川亀之助様御着き、万清にて火消寄合をかね賜酒開き。十二月八日、天皇京都へ還幸、高輪にて拝す。二年三月二十八日、御再幸の御通輦滞りなくすむ。以後、東京は天皇常住の地となった。

官軍の宿泊などに奔走しているころ、隣家に入った強盗が浦口家にも入ってくるといった事件もあった。清左衛門は留守、母親が応対した。そのあと、鈴木屋へも再度強盗が入り、幕臣の屋敷に官軍が放火するといった事件もあった。

五月十五日、雨中、北のほうに煙が上がった、上野屯集の彰義隊へ官軍攻め入る、諸所放火、官軍戦死とある。

七月三日、臨時お救い米受け取りに、貧民引き連れ町会所へ出る。八月二十日、鈴木屋より金子を借り、お払い米を一両に二斗の値段で二五俵受け取り、船で大門河岸へつけ、夕方玄関先で一軒に七升五合ずつ、一三〇軒に売り渡した。

町名主の終焉——エピローグ

お役御免

明治二年（一八六九）三月十日、名主一同東京府へ呼び出され、「名主廃止」が言い渡された。月岑《げつしん》こと、斎藤市左衛門幸成《ゆきしげ》はその日の日記に、「東京府の帰りしがらき（一一番組名主たちがよく会合に使った茶屋）による、同役一同心中安からず」と記している。日記に自己の感情や論評めいたことを記していない幸成には珍しいことである。翌日再度呼び出され、添年寄（中年寄の補佐役）に任命され、苗字を名乗ることを許された。四月、中年寄となった。『武江年表《ぶこうねんぴょう》』には名主二三八人役儀御免とある。

浦口清左衛門の日記によれば、中・添年寄の任命にあたって、旧名主の意向も聞かれたようである。日記には、明治二年三月十日早朝六時、名主一同東京府へ呼び出された。名主を廃止し、代わって年寄を置く、ついては年寄役にふさわしいと思うものの名前を封書にして、正午までに提出するようにと命じられ、その場で投票作業をして散会したと記されている。一つの時代が終わって次の時代へと引き継がれるとき、昼夜を分かたずその橋渡しをしてきた名主たちにとって、突然の申渡であった。

こうした制度変更について東京府令は無益の冗費を省くためとしている。これまで土地の売買・質入、公事《くじ》出入り、異変の処理など何かに付けて名主から謝礼を求められ、ひどいときは無尽《むじん》までかけさせられて町民の負担が大きかった。これからはこうした冗費をなくし、名主の給料は土地柄による差をなくし、平等にしていくとしている。かつて、名主に対し悪口を言ったとして家主が処罰されたことがあった。悪口は、町内から「給金」を貰っているのに、ということにあった。名主は受け取っているのは「役料《やくりよう》」であって、町内から給料を貰って働いているわけではないとその立場を主張した。ここで問題とされた身分意識はすでに薄れ、平等の報酬という合理性が公的に認知された尺度になったのである。

名主に対し、お役御免が言い渡された翌日、中年寄四七人、添年寄三九人が任命された。一、二名をのぞき、もとの名主たちであった。名主の六四％が職を失った。中年寄の職務は明文化されてないが、名主の職務を引き継ぐものであった。給料が支給され、玄関の取り壊しを命じられる一方、商い勝手となった。

中添年寄会議

もう一点、時代を色濃く反映しているのは、毎月中・添年寄の会議が開かれたことである。座順はくじ引き、議題は前もって通知、「貧民救助」「府治の体裁」「土地の風俗」「商法筋新規発明」に関して意見があれば提出すること、官吏の不正などは封書で受け付けるなど、政策への意見反映の場を作ったのである。そして、短期間ではあったが、さまざまな事柄が提起され、討議されている。

三月十六日、市中五〇区の町名、区ごとの中年寄・添年寄名が発表された。高野新右衛門は旧五番組を引き継いだ九番組の添年寄（のちに中年寄）、浦口清一郎は、松本町・田町・三田などの十六番組、斎藤市左衛門も旧支配地域の二三番組の中年寄に任命された。高野は三〇町、浦口は二〇町、斎藤は二三町であった。責任を持つ範囲は拡大した。

家主の廃止

名主廃止とともに、町にとって大きな出来事は、町役の末端に位置付けられていた家主《やぬし》制度を廃止したことである。これまで、町の暮らしに家主の役割は欠かせなかった。地主の地面差配人にすぎないものが、公的な役割を担っていた。家主の廃止は、店借《たながり》がむき出しになることでもあった。

明治二年（一八六九）六月、家主が町内用向きに携わることを禁止した。そして、大町では三、四人、小町では二、三人の町《ちょう》年寄を、町ごとに、家持《いえもち》・地借《じがり》の入札で選ぶこととした。職務は、中・添年寄の指図のもとに町用を勤めることで、人別調《にんべつ》・布告の伝達・公事出入への同道・訴えごとへの加印などが挙げられている。従来の五人組、月行事《がちぎょうじ》が果たしてきた役割を果たすものであった。総勢三〇七八人に命じられた。

神田末広《すえひろ》町では、選挙の結果、これまでの家主が一人も選出されなかったことに、異議を申し立てたが認められなかった。町年寄の資格が地主に限定されてからも、地主・地借による選出という方式は変わらなかった。

区制の変遷

五〇区制は町奉行支配地についての編制であった。維新後、地方制度の最大の課題は、支配の一元化であった。東京府にあっても、膨大な大名邸地・拝領地・寺社境内地の帰属が問題となった。解決の一歩は戸籍法に伴う住民の一元支配であった。戸籍法は、「華族・士族・神官・僧侶・平民すべてを住居の地について収める」と支配の原則を定めた。東京府では、戸籍編制のための大区小区制施行に先立って、大規模な合併が実施された。武家地を新たに町立てしたり、近隣の町と合併したり、町地の代地など錯綜した現状を整理するものであった。東京府は六大区九七小区、のちに代官支配地を組み入れて一一大区一〇三小区となった。

大区に区長、小区に戸長《こちょう》・副長をおいた。『武江年表』が「中添年寄を戸長と号し」というように、名主を任命した中・添年寄を、そのまま戸長に横滑りさせたようである。しかし、戸長は官選で、月俸を支給され、取扱所に定時出勤する官吏であった。五〇番組制に比べ、小区数は増えているが、実際の面積・人口では増えているのではないのだろうか。明治十一年（一八七八）の郡区町村編制法で、東京府の最下級の行政単位は、旧市街地に一五区画設置された「区」となった。拡大した行政区域のもとで町はどのような存在になったのか。

明治九年、「区町村金穀公借共有物取扱土木起工規則」が制定され、公的な貸借・共有物の売買・土木事業の着工などに不動産所有者の同意が必要になった。そのために置かれたのが総代人で、選挙人・被選挙人とも土地を持つことが要件であった。この要件は、郡区町村編制法による区町村会、府県会の選挙権・被選挙権に引き継がれる。

『月岑日記』明治二年（一八六九）の冒頭に、名主を罷免され、転職をせざるをえなかった同僚たちについて、田上「唐物《とうぶつ》反物」、佐柄木・平田「商法司玄関番」、久保「質屋」、小藤「道具や」などと記している。斎藤市左衛門は、まだ幸せであったのだろうか。

名主たちの明治

明治二年正月、月岑六六歳、まだ松も取れないうちに妻おまちを亡くした。先妻れんが安政元年（一八五四）になくなり、安政三年、水戸家の老女を勤めていたまちを迎えた。れんとの間には女三人、男三人が生まれた。長男はすぐになくなり、小網町名主普勝《ふかつ》家へ嫁いだ長姉のりの子久次郎（亀之丞）を養子に迎えた。亀之丞は病死し、久次郎を養子にした後に生まれた次男喜之助が後継者であった。まちとの間には松之助がいた。

名主罷免ののちも、中年寄、小区戸長として明治九年二月まで現役を続ける。「日記」を見て驚かされるのは、多忙な名主役の合間を縫って、自分の好みや好奇心で精力的に行動していることである。金比羅《こんぴら》社や水天宮《すいてんぐう》など、祭日のお参りは欠かさないし、興行の見物、そして、家族同伴しての外食。こうした公私混交の行動は、近代的感覚からいえば「悪弊」の一つであろう。維新後も、月岑の好奇心と収集癖・記録癖は衰えていないようである。明治八年の日記によれば、足の痛みをかばいながら、開化の風俗を写した写真を買い集め、五九〇枚に達し、目録を作り、序文の草稿も認めたという。

喜之助も松之助も、紙幣寮で給料を貰うようになった。時代とともに去っていった幸せな一生といえるのではないだろうか。

高野家のその後

高野家がご一新《いっしん》に遭遇したのは、直孝の孫直清が当主のときであった。

直清は文久三年（一八六三）、一八歳で名主に就任し、名主を罷免されたのち、九番組の添年寄、ついで中年寄に任命された。大区小区制になってからは第一大区七小区の戸長を勤めたが、明治八年（一八七五）、四〇歳で死亡した。

直清は明治三年以来、南伝馬町二丁目で家塾松清堂を開いていた。母音察が筆道を、長男新七郎が筆道と四書・五経を受け持った。生徒は六歳から一六歳まで、男女一七四人が通ってきた。直清の死後、明治八年十二月、あらためて新七郎より私学開業願が出されている。音察は健在で、祖母と孫とが教師を勤める学校であった。これによると、新七郎は、東京府の講習所に入り、官立宝田学校の教員を勤めている。すでに世襲の時代ではなく、新たに教育の世界に道を見つけたのである。

直清の二つ年下の弟は、麴町《こうじまち》一帯の草分《くさわけ》名主矢部与兵衛家に養子に入り、矢部与兵衛常行と名乗った。常行は、明治二年三月、二十三番組添年寄となり、小区の副長・戸長を勤めたのち、第三大区区長となり、明治十一年、一五区制のもとで麹町区長に任命された。順調に官吏の道に乗ることのできた数少ないものの一人である。なお、常行の養父にあたる与兵衛常倫は斎藤家より矢部家に養子に入り名主となり、維新後、中年寄・中年寄世話掛となり、第二大区区長に任命された。

あとがき

一九五九年、私が都政史料館に配属されたころ、「撰要永久録」は、先輩方によって宝物のように大事にされていた。そのころの私のお目当ては、東京府から引き継いだ公文書類であって、江戸の史料に関する知識はきわめて乏しかった。「撰要永久録」に「御用留」と「公用留」とがあるがどう違うのですか、といった電話の問い合わせに立ち往生した記憶がある。どういう返事をしたものか、今でも質問者に申し訳ない思いである。

「高野家文書」の「日記言上之控」や「家譜」などの存在を知ったのは、一九六八年、都政史料館が東京都公文書館になり、江戸期の史料がきちんと書架に配置されてからであった。担当が、明治期の『東京市史稿』市街篇から江戸期の産業篇に代わったこともあり、こうした江戸期の史料にも目を通すことになった。特に、町の暮らしが個人名で記されている「日記言上之控」は、江戸期史料について認識を新たにするものであった。高野家一

○代直孝が編纂した「家譜」類には、これまで接していた「名主とは……」といった論文に描かれている名主とは違うものがあった。

明治期公文書を紹介するために始められた『都史紀要』の中に江戸期のテーマも取り上げることになり、「高野家文書」を紹介することになった。『元禄の町』(『都史紀要』二八、一九八一年刊)である。この『元禄の町』についていえば、高野家中興の祖、直雅夫妻の墓にめぐり合えたことも忘れがたい思い出である。当時、高野家菩提寺花岳院の御住職、吉水秀岳師は交通事故の後遺症で療養中にもかかわらずお会いくださり、過去帳も拝見させてくださった。うかがえば、先代の吉水寿国師の妹、美代さんが高野家一四代新二氏と結婚され、晩年を花岳院で過ごされたとのことであった。

二代直久の墓は立派な五輪塔であるが、直雅の墓は欠けも目立つ小さなものであった。しかし、墓石といえども慶長十七年銘のあるものはそうは残されていない。葬られている方々はどのような生涯を送ったのであろうか。容易には想像のつきかねることであった。

高野家との出会いはもう一つあった。きっかけは中村いとの「伊勢詣の日記」であった。その内容から、筆者いとは書家中村仏庵の嫁で、直孝の妻はなの兄の妻であることが分かった。仏庵が岡崎に建立した先祖供養の墓石や、名石のことを記した「黒髪山縁起絵巻」

などによって、中村家が草分名主の一人であったことが判明した。このことは、草分名主が元文期の二九名にとどまらないことを改めて示すものであった。

一九九一年に東京都公文書館を退職してからも「高野家文書」とのお付き合いは続いた。「撰要永久録」御触事は『江戸町触集成』の底本の一つであり、今、公用留を『江戸町触集成』補遺編に組み込むべく作業中である。

こうした長いお付き合いを何らかの形にしておきたいというきわめて私的な思いから本書は出発している。御伝馬役・草分名主といった高野家の地位、史料の残存状況からいって、一つの家の歴史にとどまらない広がりをもって描けると期待したのであるが、実際は立ち往生の連続であった。

麹町名主矢部与兵衛家一四代常倫と一五代常行の写真は、柿沼ひろ子氏から一九九一年にお借りして複写したものである。常行は高野新右衛門直寛の次男なので、高野家の風貌を伝えるものとしても貴重な写真である。柿沼ひろ子氏は矢部家一六代晴吉氏の五女で、柿沼礼三氏と結婚され浦和駅前のときわ団子を経営されていた。このたび、貴重な史料をようやく公にすることができるようになって連絡をとらせていただいたところ、すでにお亡くなりになっていた。無為に過ごしていたわけではないが、一八年もの歳月は長すぎたようである。事業は、ご子息柿沼直治氏によって引き継がれている。矢部家が代々江戸の名主役を勤めてきた家であることは、現在にいたるまで御子孫に伝えられていて、晴吉氏の長男常雄氏によって詳細な系図が作成されている。私を柿沼氏に紹介してくださったのは、千代田図書館にお勤めだった鈴木理生氏を介して、晴吉氏三女公子氏の婿にあたる林博是氏であった。また、『矢部与兵衛─徳川治世を支えた江戸町名主物語』をまとめられた黒岩博之氏は、晴吉氏の四女智子氏のご子息である。

長谷川伊左衛門家についても一言付け加えておきたい。『長谷川家の伝承について』は、長谷川寿美江さんが、最後の名主一一代長谷川伊左衛門均造の嫁であったたまさんに聞かされていた話を中心にまとめられたものである。さまざまな資料は焼失してしまったが、曼荼羅は福井の疎開先に現存するという。

大きな歴史の変動を潜り抜けて、かけがえのない歴史的事実が、子孫の方々によって語り継がれてきたことに感謝したい。

本書執筆に当たって常に念頭にあったのは、水江漣子氏の仕事であった。水江氏は、名主の研究における幸田成友氏の仕事を高く評価したうえで、「しかし、後進として幸田論文を乗り越えねばならぬとしたら、どういうところに注目すべきであろうか」と自問し、

「制度成立期から」「社会的な慣行としてみる」という二つの視点を提起した。「町方書上」の由緒や「町触集」以前の町方法令の綿密な分析にもかかわらず、そこからは名主像が結ばれてこなかった。そのため、十七世紀半ばになって、町方支配について幕府に認識の変化が生まれ、明暦二年（一六五六）の名主を置くようにという法令が出されたとしている。しかし、本書では、名主が創設期の江戸の都市建設に果たした役割を高く評価した。明暦二年令は創設期の名主が変動を経たのちのものと理解したいのである。

ここ数年、吉田伸之氏は名主をも対象とする研究成果を発表し、深川の支配関係を追及してきた高山慶子氏が新しい名主文書を紹介するなど、名主研究の進展が見られる。吉田氏は、近世前期へと研究の対象を広げ、「町の名主」から「支配名主」へというシェーマを提起し、高野家支配の町々を事例に、役の総覧者として高野家が地域のヘゲモニーを握っていた時代（町の名主）から、不在地主である商業高利貸資本や町内の大店層がヘゲモニーを握る時代（支配名主）へと変貌したとする。時期的には十七世紀末から十八世紀にかけてである。

本書は同じ高野新右衛門家を取り上げたが、都市江戸の支配のあり方を主眼に、名主のさまざまな側面を明らかにしようとした。極端に過重な負担を強いられた伝馬役・名主たちは、幕府の権威付けと財政的援助でその地位を守ってきた。それでも退転する家が生じている。多くの名主たちは、そうした権威付けも援助もなく、自己主張を強めてきた町住民に役人として対処せざるを得なかった。幕藩体制の緩みとともに支配機構の要にいた名主たちに対する統制はきびしくなる一方であった。

高野新右衛門を追って幕末にいたったが残された課題は多い。祭礼や火の元取締り・風俗統制・土木工事の問題などもっと丁寧に見なければならない。近年の動きを見ると、新しい史料の発見をあきらめるのは、気が早すぎるようである。今後の研究の進展に期待したい。

二〇〇九年七月

片倉比佐子

参考文献

主要史料

蘆田伊人編集校訂『御府内備考』(『大日本地誌大系』雄山閣)
東京都公文書館編『安永三年小間付北方南方町鑑』上・下、東京都、一九八九・九〇年
東京都編『日記言上之控』東京都、一九九四年
東京都(市)編纂『重宝録』一～六、東京都、二〇〇〇～〇六年
東京都編『東京市史稿』市街篇・産業篇
東京都中央区立京橋図書館編『中央区沿革図集』日本橋篇・京橋篇、東京都中央区立京橋図書館・中央区教育委員会、一九九五・九六年
「武州豊島郡江戸庄図」(『東京市史稿』市街篇附図第一、一九一四年)
「江戸朱引図」(『東京百年史』一附図、一九七二年)
金行信輔解説「寛永江戸全図」(複製版)、之潮、二〇〇七年

名主および南伝馬町関係文献(発表順)

幸田成友「江戸の名主について」一九二三年(『幸田成友著作集』一、中央公論社、一九七二年所収)

幸田成友「江戸の市制」一九三三年（『幸田成友著作集』一、中央公論社、一九七二年所収）
幸田成友「馬込勘解由」一九三五年（『幸田成友著作集』二、中央公論社、一九七二年所収）
東京都編『区制沿革』（『都史紀要』五）、一九五八年
三浦俊明「江戸城下町の成立過程」『日本歴史』一七二、一九六二年
西山松之助「斎藤月岑日記抄録」（一九六八年度東京教育大学史学部紀要『史学研究』所収）
西山松之助「斎藤月岑日記の明治」『史潮』一〇六、一九六九年
松崎欣一「江戸両伝馬町の成立過程及び機能について」『慶応義塾大学志木高等学校研究紀要』一、一九六九年
松崎欣一「江戸南伝馬町名主吉沢氏の失踪をめぐって」『史学』四四-二、一九七二年
西山松之助「江戸の町名主斎藤月岑」（西山松之助編『江戸町人の研究』四、吉川弘文館、一九七五年所収）
水江漣子「町名主」（西山松之助編『江戸町人の研究』四、吉川弘文館、一九七五年所収、のち『江戸市中形成史の研究』弘文堂、一九七七年所収）
南和男「江戸名主の代替りについて」一九七九年（『幕末都市社会の研究』塙書房、一九九九年所収）
吉田伸之「江戸南伝馬町二丁目他三町の町制機構と住民」一九七九年（『近世巨大都市の社会構造』東京大学出版会、一九九一年所収）
吉田伸之「役と町」一九七九年（『近世巨大都市の社会構造』東京大学出版会、一九九一年所収）
吉原健一郎『江戸の町役人』（『〈江戸〉選書』）、吉川弘文館、一九八〇年（のち『歴史文化セレクショ

ン』吉川弘文館、二〇〇七年として復刊）
東京都編『元禄の町』（『都史紀要』二八）、一九八一年
加藤貴「寛政期江戸名主の経済状況」（日本史攷究会編『熊谷幸次郎先生古稀記念論集日本史攷究』文献出版、一九八一年所収）
片倉比佐子「一八世紀初頭欠落事例にみる江戸町住民の構成」（北島正元編『近世の支配体制と社会構造』吉川弘文館、一九八三年所収）
加藤貴「名主役料からみた江戸の地域構造」「歴史地理学」一二五、一九八四年
加藤貴「寛政改革と江戸名主」『国立歴史民俗博物館研究報告』一四、一九八七年
塚田孝「吉原―遊女をめぐる人びと」一九九〇年（『身分制社会と市民社会』柏書房、一九九二年所収）
小国喜弘「幕末江戸周縁部の町・町名主に関する一考察」『論集きんせい』一二、一九九〇年
長谷川光雄『長谷川家の伝承について』一九九一年
牛込努「江戸町名主島崎家の家督相続について」『史叢』五〇、一九九三年
小林信也「天保改革と江戸の名主」（『江戸の民衆世界と近代化』山川出版社、二〇〇二年所収）
吉田伸之「おさめる：行政・自治―近世前期江戸の名主を例として」（大谷幸夫・羽田正・和田清美編『都市のフイロソフイー』こうち書房、二〇〇四年所収）
黒岩博之『矢部与兵衛―徳川治世を支えた江戸町名主物語』二〇〇四年
高山慶子「深川猟師町の名主」二〇〇四年（『江戸深川猟師町の成立と展開』名著刊行会、二〇〇七年

所収）
吉田伸之「近世前期、江戸町人地・内・地域の分節構造」（井上徹・塚田孝編『東アジア近世都市における社会的結合』清文堂出版、二〇〇五年所収）
小林信也「天保改革以後の江戸の都市行政」『関東近世史研究』五八、二〇〇五年
吉田伸之「江戸町触と「承知」システム」（塚田孝編『近世大坂の法と社会』清文堂出版、二〇〇七年所収）
高山慶子「江戸檜物町草分名主星野家文書について」『東京都江戸東京博物館研究報告』一三、二〇〇七年
東京都江戸東京博物館編『大伝馬町名主の馬込勘解由』（『東京都江戸東京博物館調査報告書』二一、二〇〇九年）
吉原健一郎「草創名主矢部家の系譜について」（千代田区教育委員会『千代田の古文書』二〇〇九年所収）

参考系図・表

高野新右衛門家系図

- 1 直雅（光蓮）大永7～慶長17・10 ＝ 某（清信）～慶長19・10
  - 理右衛門　通四丁目名主　～慶長19・7 ＝ 某（妙秀）～正保4
    - 理右衛門　～慶長2・9 ＝ 某（妙光）～寛永3
    - 理右衛門（専西）天正16～寛文9・12 ＝ 某（桂林）～明暦3　喜兵衛女
      - 3 直友（宗二）元和1～寛文2・1 ＝ 某（宗林）（元和7）～延宝7・12　西谷宗悦女
      - 実隆　元和9～元禄10　四代理右衛門 ＝ 某（智貞）～宝永7
    - 弥左衛門
  - 2 直久（慶欣）永禄7～寛永8・4 ＝ 某
    - 兼　～寛永21・8　吉沢十左衛門妻
  - 喜兵衛　～元和4・9 ＝ 某（妙蓮）～寛永8
    - 男某
    - 女（桂林）　三代理右衛門妻

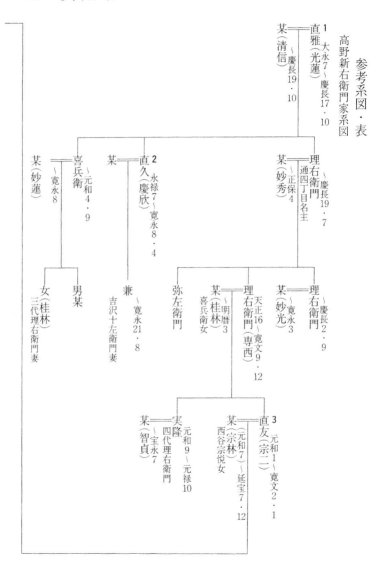

4 直重（宗恩） 寛永16～享保2・6
某（清春） （正保3）～延宝2・3 平野与左衛門女
進敬（法春） ～万治3・3 吉沢主計妻
某
寿松 ～享保12・6 後妻

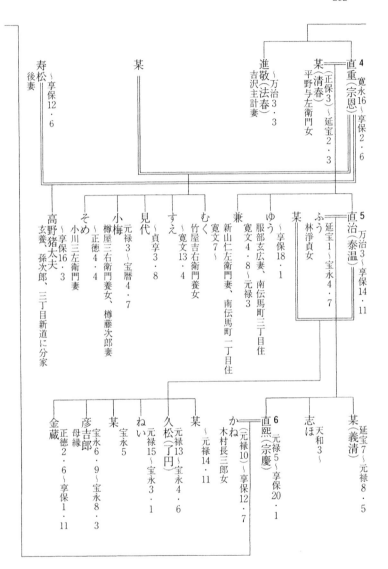

5 直治（泰温） 万治3～享保14・11
ふう 延宝1～宝永4・7 林浄貞女
某
ゆう ～享保18・1 服部玄広妻、南伝馬町三丁目住
兼 寛文4・8～元禄3 新山仁左衛門妻、南伝馬町一丁目住
むく 寛文7～ 竹屋吉右衛門養女
すえ ～寛文13・4
見代 ～貞享3・8
小梅 元禄3～宝暦4・7 樽屋三右衛門養女、樽藤次郎妻
そめ ～正徳4・4 小川三左衛門妻
高野猪太夫 ～享保16・3 玄養、孫次郎、三丁目新道に分家

某（義清） 延宝7～元禄8・5
志ほ 天和3～
6 直煕（宗慶） 元禄5～享保20・1
かね （元禄10）～享保12・7 木村長三郎女
某 ～元禄14・11
久松（了円） 元禄13～宝永4・6
ねい 元禄15～宝永3・1
某 宝永5
彦吉郎 宝永6・9～宝永8・3 母縁
金蔵 正徳2・6～享保1・11

7 直好（成西）　正徳4・12～寛延1・9
═ けん　（宝永7）～安永3・12　向佐氏女

茂雅　享保3～天明5・12　杉村七郎右衛門養子　隠居後直昌後見、善次郎
═ らく　～寛政5・6　須賀杢左衛門女

8 直賢（了空）　享保9・10～明和1・10　記内
═ みよ　越谷袋山村百姓吉左衛門女　宝暦13・8離縁

いの　宝暦1～宝暦8・7

前田五兵衛　～享和1　地面内籠屋、直孝後見、同居　高野専右衛門
═ さえ　（宝暦3）～文化14・9　野瀬物兵衛女、らく姪　高野家養女

9 直昌（秋風）　宝暦6・8～寛政10・4
═ そよ　（宝暦2）～安永10・1　足利屋今井喜兵衛女
═ くめ　（明和2）～天明7・8　神尾家臣西田仙右衛門女
═ 里尾　（宝暦11）～寛政6・2　飯島吉右衛門女

義陳　～天保7・5　野瀬物兵衛男、粕谷筑後家業をつぐ

万五郎　前田五兵衛
　金次郎　寛政7・7～　直孝養弟、嶋田左内養子

岩五郎

虎之助　安永5・9～安永9・4

10 直孝　天明5・3～天保15・5　常晃院真誉実円居士
═ はな　（寛政2）～天保4・3　中村弥太夫仏庵女
═ 佐藤氏女

美ね　天明7・3～文化6・1　川北嘉四郎妻

乙次郎　寛政2・4～寛政5・6

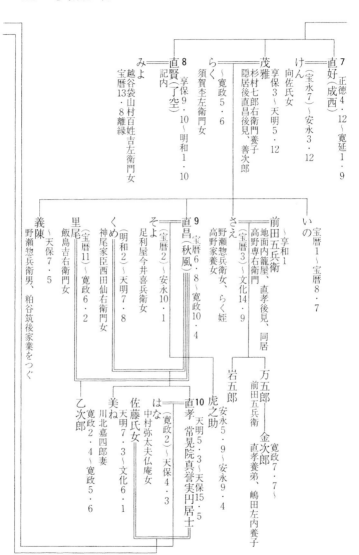

彦十郎　文化2・9～文化2・10

いく　文化4・2～
矢田市郎兵衛妻

さえ　文化7・10～文化8・1

ため　文化9・3～
原幸太郎妻

11 直寛（風我）　文化14・7～明治3・4
＝某（音察）　～明治21・7
鈴木喜兵衛女

直温　文政3・1～明治12・8
市谷名主嶋田左内（金次郎）養子

富次郎　文政6・3～文政8・11

重吉　文政10・7～天保4・11

はる　天保3・7～天保4・9

銀之助　天保7・8～天保10・9

女　天保8・2～天保11・4

12 直清（直清）　天保7・1～明治8・9
＝兼　～安政5・8
矢作氏女

チカ　～明治11・10

伝次郎　天保9～明治39・9
麹町名主矢部与兵衛15代常行

13 新七郎（直武）　（安政3）～大正8・6
＝某　～明治43・12

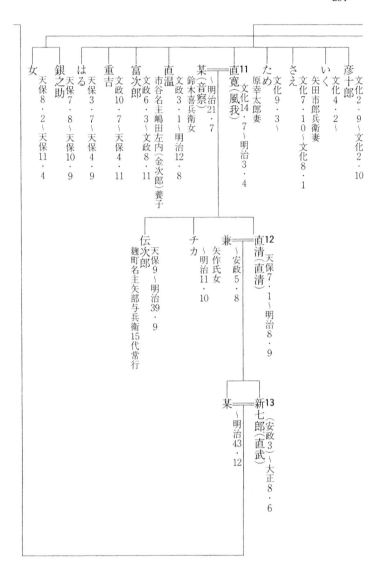

14 新二（直文）（明治18）〜昭和15・7
＝美代（明治20）〜昭和41・1

信女（明治21）〜明治42・12

童女（明治25）〜明治39・5

童子〜明治36・4

童女〜明治23・4

童子〜明治26・5

注1　『高野家文書』および花岳院「過去帳」により作成。
　2　（　）内は没年より推定した生年。

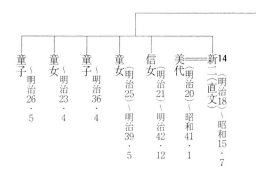

組	町名
一番組	本町一・二・三・四丁目　本町三丁目裏河岸　岩附町　大伝馬町分(3)　通旅籠町　本両替町　本革屋町　駿河町　瀬戸物町　伊勢町　小舟町　堀留町一・二丁目　堀江町(4)　甚左衛門町　新材木町　北鞘町　品川町　品川町裏河岸　室町一・二・三丁目　本小田原町一・二丁目　安針町　本船町　小網町分(3)　箱崎町　北新堀町　道寿屋敷　三島屋敷　金吹町　本石町一・二・三・四丁目　鉄炮町　本銀町一・二・三・四丁目　元乗物町　新革屋町　新石町一丁目　神田塗師町　大和町　龍閑町　鎌倉町・横町〔五九町八〇八枚〕
二番組	通油町　元浜町　橘町一丁目　村松町　横山町一・二・三丁目　元大坂町　堺町横町　住吉町　新和泉町　堺町　葺屋町　新乗物町　長五郎屋敷　長谷川町　富沢町　新大坂町　弥兵衛町　田所町　庄助屋敷　小伝馬5町分　亀井町　橋本町四丁目　馬喰町4町分　神田紺屋町一・二・三丁目〔三五町五〇〇枚〕
三番組	平右衛門町　茅町一・二丁目　瓦町　天王町　森田町　浅草旅籠町一・二丁目　新旅籠町　久右衛門町〔一〇町一四三枚〕
四番組	西河岸町　呉服町　元大工町・南大工町　数奇屋町　檜物町　檜物町会所　上槙町　通町一・二・三・四丁目　万町　元四日市町　青物町　本材木町一・二・三・四丁目　下槙町　榑正町　新右衛門町　南油町　箔屋町・岩倉町　川瀬石町　佐内町　平松町〔二八町三八八枚〕
五番組	南伝馬町一・二・三丁目　鈴木町　因幡町　具足町　柳町　炭町　水谷一・二丁目　桶町　南槙町　南槙町会所　南鍛冶町　五郎兵衛町　畳町　北紺屋町　大鋸町　南鞘町　南塗師町　本材木町五・六・七・八丁目〔二四町三五二枚〕

六番組	七番組	八番組	九番組	十一番組
南紺屋町　山下町　南佐柄木町　加賀町　八官町　寄合町　佐兵衛町　丸屋町　喜左衛門町　山城町　筑波町　弓町　休伯屋敷　勘左衛門屋敷　西紺屋町　新肴町　弥左衛門町　鎗屋町　南鍋町一・二丁目　滝山町　守山町　惣十郎町　南大坂町　内山町　山王町　与作屋敷　木挽町7町分　銀座3丁分裏河岸共　銀座四丁目　銀座四丁目裏河岸　尾張町一丁目　尾張町一丁目裏河岸　尾張町二丁目　尾張町二丁目裏河岸　竹川町　竹川町裏河岸　出雲町　出雲町裏河岸〔五〇町六〇三枚〕	金六町　南八丁堀一・二・三・五丁目　本湊町　船松町分(2)　明石町　十軒町　上柳原町　南飯田町　南小田原町　南本郷町　松屋町　本八丁堀5町分　幸町　日比谷町　東湊町2町分　霊岸島四日市町　南新堀一・二丁目　霊岸島塩町　霊岸島浜町　霊岸島町　川口町　長崎町　南銀町4丁分　南茅場町〔三七町五一六枚〕　佃島	兼房町　備前町　桜田鍛冶町　桜田和泉町　桜田伏見町　桜田善右衛門町　久保町　太左衛門町　茸手町　芝口二丁目　芝口三丁目　源助町　露月町　柴井町　宇田川町　宇田川町横町　神明町　浜松町4町分　新網町　富山町一・二丁目　永井町　三島町　七軒町　中門前一・二・三丁目　片門前一・二丁目〔三二町五六四枚〕	芝松本町〔一町八枚〕　芝車町	白壁町　神田鍛冶町　松田町　神田鍋町　通新石町　須田町一・二丁目　連雀町　竪大工町　多町一・二丁目　神田佐柄木町　三河町一・二・三・四丁目　雉子町　四軒町　新銀町　横大工町　関口町　蝋燭町〔二二町三九四枚〕

十二番組	十三番組	十五番組	十六番組	十七番組
本郷一・二・三・四・五・六丁目　神田旅籠町一丁目　湯島横町　湯島6町分　元柳原六丁目　佐久間町一・二・三・四丁目〔一九町三〇六枚〕	切通片町　玄桂屋敷〔二町六枚〕	元赤坂町　麹町13町分　市谷田町分(4)　船河原町　赤坂伝馬町分(10)　元飯田町　四谷伝馬町分(7)〔三七町五一二枚〕	本所徳右衛門町2丁分　茅場町3丁分　花町　吉田町2丁分　新坂町　本所柳原6丁分　本所入江町　本所長崎町　本所清水町〔一八町一八枚〕本所緑町　本所林町	深川中島町

（注）寛政四年「御能拝見出候人数之覚」をもとに作成。
（ ）の数字はカウントした町数、網かけした文字は年頭参賀に出頭した名主の町。

著者紹介

一九三五年、東京都に生まれる

一九五九年、東京都立大学大学院人文科学研究科修士

その後、都政史料館・東京都公文書館にて『東京市史稿』市街篇・産業篇の編纂に従事

主要著書

江戸町触集成（編）　日本女性史論集（編）　日本家族史論集（編）　天明の江戸打ちこわし　江戸の土地問題

歴史文化ライブラリー
279

大江戸八百八町と町名主

二〇〇九年（平成二十一）九月一日　第一刷発行

著　者　片《かた》倉《くら》比《ひ》佐《さ》子《こ》

発行者　前　田　求　恭

発行所　株式会社　吉川弘文館

東京都文京区本郷七丁目二番八号

郵便番号一一三―〇〇三三

電話〇三―三八一三―九一五一〈代表〉

振替口座〇〇一〇〇―五―二四四

http://www.yoshikawa-k.co.jp/

印刷＝株式会社 平文社

製本＝ナショナル製本協同組合

装幀＝清水良洋・星野槙子

歴史文化ライブラリー

1996.10

刊行のことば

現今の日本および国際社会は、さまざまな面で大変動の時代を迎えておりますが、近づきつつある二十一世紀は人類史の到達点として、物質的な繁栄のみならず文化や自然・社会環境を謳歌できる平和な社会でなければなりません。しかしながら高度成長・技術革新にともなう急激な変貌は「自己本位な刹那主義」の風潮を生みだし、先人が築いてきた歴史や文化に学ぶ余裕もなく、いまだ明るい人類の将来が展望できていないようにも見えます。このような状況を踏まえ、よりよい二十一世紀社会を築くために、人類誕生から現在に至る「人類の遺産・教訓」としてのあらゆる分野の歴史と文化を「歴史文化ライブラリー」として刊行することといたしました。

小社は、安政四年（一八五七）の創業以来、一貫して歴史学を中心とした専門出版社として書籍を刊行しつづけてまいりました。その経験を生かし、学問成果にもとづいた本叢書を刊行し社会的要請に応えて行きたいと考えております。

現代は、マスメディアが発達した高度情報化社会といわれますが、私どもはあくまでも活字を主体とした出版こそ、ものの本質を考える基礎と信じ、本叢書をとおして社会に訴えてまいりたいと思います。これから生まれでる一冊一冊が、それぞれの読者を知的冒険の旅へと誘い、希望に満ちた人類の未来を構築する糧となれば幸いです。

吉川弘文館

〈オンデマンド版〉
大江戸八百八町と町名主

歴史文化ライブラリー
279

2019年（令和元）9月1日　発行

著　者　片《かた》倉《くら》比《ひ》佐《さ》子《こ》
発行者　吉　川　道　郎
発行所　株式会社　吉川弘文館
〒113-0033　東京都文京区本郷7丁目2番8号
TEL　03-3813-9151〈代表〉
URL　http://www.yoshikawa-k.co.jp/

印刷・製本　大日本印刷株式会社
装　幀　清水良洋・宮崎萌美

片倉比佐子（1935～）

ISBN978-4-642-75679-2